Daniel Michel
Lars Pollmann

UNNÜTZES
WISSEN
über das
DFB-TEAM

Daniel Michel
Lars Pollmann

UNNÜTZES
WISSEN
über das
DFB-TEAM

Erstaunliche Fakten über die
deutsche Fußballnationalmannschaft

YES

Originalausgabe
1. Auflage 2024
© 2024 by Yes Publishing – Pascale Breitenstein & Oliver Kuhn GbR
Türkenstraße 89, 80799 München
info@yes-publishing.de
Alle Rechte vorbehalten.
Redaktion: Ulrich Korn
Umschlaggestaltung: Ivan Kurylenko (hortasar covers)
Layout und Satz: Müjde Puzziferri, MP Medien, München
Druck: CPI
Printed in the EU

ISBN Print 978-3-96905-310-2
ISBN E-Book (EPUB, Mobi) 978-3-96905-311-9
ISBN E-Book (PDF) 978-3-96905-312-6

INHALT

TORJÄGER UND SCHÜTZENKÖNIGE

AUS DER ANEKDOTENKISTE

VORWORT

Liebe Leserinnen und Leser,

die Fußballnationalmannschaft gilt als eines der letzten »Lagerfeuer der Gesellschaft«. Gerne ist auch die Rede vom »liebsten Kind der Deutschen« und von »80 Millionen Bundestrainern«, die ihre ganz eigene Vorstellung von der DFB-Auswahl haben. Diese Zahl wird letztlich übertrieben sein, hat aber einen wahren Kern. Nicht viele Menschen und erst recht die wenigsten Fußballfans werden ernsthaft von sich behaupten können, die Nationalmannschaft sei ihnen nicht so wichtig.

Es genügt ein Blick auf die Einschaltquoten im Fernsehen, wenn Deutschland spielt: Alljährlich liegen Übertragungen der Nationalmannschaft in den Charts ganz vorn. Wie Sie diesem Buch entnehmen können, verfolgten etwa 34,57 Millionen Zuschauer das Finale der Weltmeisterschaft 2014, bei dem sich Deutschland gegen Argentinien den ersehnten vierten Stern erspielen konnte. Die TV-Quoten bei Großereignissen werden dabei seit 2006 vom Phänomen des *Public Viewing* beeinträchtigt.

Die Heim-WM in jenem Jahr sorgte bei einer Generation von Fußballfans regelrecht für ein neues Lebensgefühl. Als »Sommermärchen« ist die WM 2006 in die Geschichte der Bundesrepublik eingegangen. Für zukünftige Großveranstaltungen wie EM und WM erhoffen sich viele eine Neuauflage dieser besonderen Zeit.

Die beste Vorbereitung darauf bietet Ihnen, so hoffen wir, die Lektüre dieses Buches. Viel Vergnügen dabei wünschen Ihnen Daniel Michel und Lars Pollmann

DER DFB ERBLICKT DAS LICHT DER WELT

Der Verband ist jünger, als man denkt

DIE GRÜNDUNG DES DEUTSCHEN FUSSBALL-BUNDES (DFB)

Der Deutsche Fußball-Bund (DFB) wurde am 28. Januar 1900 gegründet. Im Leipziger Gasthof »Zum Mariengarten« hatten sich 36 Vertreter eingefunden, die für 86 Vereine stimmberechtigt waren. Zum ersten Präsidenten wurde Ferdinand Hueppe gewählt. Der damals 47-Jährige war Professor, wohingegen die meisten seiner Mitstreiter zwischen 25 und 30 Jahre alt waren und noch studierten.

Der Gründung des DFB ging eine lange Vorgeschichte voraus. Bekanntlich schwappte die Begeisterung für den Fußball aus England auf das europäische Festland über, und gegen Ende des 19. Jahrhunderts musste der Fußball sich im Deutschen Reich vor allem gegen die etablierten Turnvereine durchsetzen. Turnen war die führende Sportart – und die Funktionäre der Turnvereine gaben viele Bestimmungen vor, auch um den aufkommenden Sport Fußball in seiner Entwicklung aufzuhalten. Letztlich ließ sich aber die Fußballbewegung auch in Deutschland nicht stoppen.

Der erste reine Fußballverein im Deutschen Reich war der BFC (Berliner Fußball-Club) Germania, der heute noch existiert und somit der älteste Fußballverein Deutschlands ist. Er wurde im Jahr 1888, rund zwölf Jahre vor Gründung des DFB, ins Leben gerufen.

ALS DER FUSSBALL NOCH IN DEN KINDERSCHUHEN STECKTE: DIE ÄLTESTEN KICKERVERBÄNDE DER WELT

Heute kann der DFB auf eine über 124 Jahre alte Geschichte zurückblicken, aber ist er mit 124 Jahren eher ein »alter« oder ein »junger« Verband in der internationalen Fußballwelt?

Eine kurze Einordnung: Zieht man die Gründungsdaten der europäischen Fußballverbände heran, ist der Deutsche Fußball-Bund der elfälteste Verband in Europa; er ist damit rund 36 Jahre jünger als sein Pendant in England. Das »Mutterland des Fußballs« gründete als erste Nation der Welt einen landesweiten Verband namens »The Football Association« (FA).

Wenig überraschend folgen auf den Plätzen zwei bis vier Schottland (1873), Wales (1876) und Nordirland (1880); der irische Verband spaltete sich 1920 ab. Dänemark nimmt Platz fünf ein, die Niederlande belegen Rang sechs. Im Jahr 1895 wurden mit der Schweiz, Belgien und Gibraltar gleich drei Verbände gegründet. Italien (1898) komplettiert die Top Ten.

Das »Alters-Ranking« der europäischen Fußballverbände

Platz	Land	Gründungsdatum
1.	England	26.10.1863
2.	Schottland	21.03.1873
3.	Wales	02.02.1876
4.	Nordirland	18.11.1880
5.	Dänemark	18.05.1889
6.	Niederlande	08.12.1889
7.	Schweiz	07.04.1895
8.	Belgien	01.09.1895
9.	Gibraltar	30.11.1895
10.	Italien	16.03.1898
11.	**Deutschland**	**28.01.1900**
12.	Malta	1900
13.	Ungarn	19.01.1901
14.	Tschechische Republik	19.10.1901
15.	Norwegen	30.04.1902
16.	Österreich	18.03.1904
17.	Schweden	18.12.1904
18.	Finnland	19.05.1907
19.	Luxemburg	22.11.1908
20.	Rumänien	Oktober 1909

Die Daten variieren teilweise. Sie wurden zusammengetragen aus *wikipedia.de*, *transfermarkt.de* und den offiziellen Verbandsseiten.

Übrigens: Die UEFA, der Dachverband für die europäischen Fußballverbände, gründete sich am 15. Juni 1954. Derzeit gehören der UEFA 55 Länder an.

So bleibt noch ein Blick über den europäischen Kontinent hinaus. Der Fußball-Weltverband FIFA wurde am 21. Mai 1904 in Paris ins Leben gerufen. Der DFB war zwar nicht direkt bei der Gründung vor Ort, trat aber noch am Gründungstag per Telegramm der FIFA bei. Heute zählt die FIFA 211 Mitgliedsländer. Geht es nach den Gründungsdaten der Fußballverbände, dann belegt Deutschland beziehungsweise der DFB im weltweiten Ranking Platz 15. Die Top Sechs nehmen europäische Nationen ein, das erste nichteuropäische Land ist Neuseeland auf Rang sieben.

Das weltweite »Alters-Ranking« der Fußballverbände

Platz	Land	Gründungsdatum
1.	England	26.10.1863
2.	Schottland	21.03.1873
3.	Wales	02.02.1876
4.	Nordirland	18.11.1880
5.	Dänemark	18.05.1889
6.	Niederlande	08.12.1889
7.	Neuseeland	1891
8.	Singapur	28.08.1892
9.	Argentinien	21.02.1893

10.	Schweiz	07.04.1895
11.	Chile	19.06.1895
12.	Belgien	01.09.1895
13.	Gibraltar	30.11.1895
14.	Italien	16.03.1898
15.	**Deutschland**	**28.01.1900**
16.	Malta	1900
17.	Uruguay	30.03.1900
18.	Ungarn	19.01.1901
19.	Tschechische Republik	19.10.1901
20.	Norwegen	30.04.1902
21.	Guyana	1902

Die Daten variieren teilweise. Sie wurden zusammengetragen aus *wikipedia.de, transfermarkt.de* und den offiziellen Verbandsseiten.

DAS GLÜCK DER FRÜHJAHRSKINDER

»Wenn deutsche Fußballprofis Geburtstag feiern, dann zu 75 Prozent im ersten Halbjahr. In der 1. und 2. Fußball-Bundesliga wurden zum Beispiel 140 Spieler im Januar geboren, aber nur 46 im Dezember. Und das ist kein deutsches Phänomen, ähnliche Verteilungen gibt es in fast allen Ligen der Welt. Das nennt man den relativen Alterseffekt«, fasste Deutschlandfunk Nova die Forschungsergebnisse im September 2018 zusammen.

Will heißen: Wer gerne Fußballprofi werden will, für den kann demnach auch sein Geburtsdatum von Vorteil (oder Nachteil) sein. Denn im Jugendbereich sehen die Bestimmungen in der Regel vor, die Spielerauswahl nach dem Kalenderjahr vorzunehmen. Bedeutet: In einer Jugendauswahl sind die Spieler, die zwischen dem 1.1. und 31.12. geboren sind, in einer Mannschaft zusammengestellt. Oftmals haben jene Spieler, die in den ersten Monaten des Jahres geboren sind, dadurch enorme Vorteile. Sie sind in der Mehrzahl körperlich robuster, schneller und größer. Geht es dann um den Aufstieg in die nächsthöhere Mannschaft und eine bessere Förderung, greifen die Trainer oftmals auf die (körperlich) schon weiterentwickelten Spieler zurück.

Wie stellt sich die Lage nun bei den Spielern der deutschen Nationalmannschaft dar? Dazu werfen wir einen Blick auf die DFB-Kader bei Welt- und Europameisterschaften zwischen 2014 und 2022.

DFB-Kader WM 2014

Monat	Geburtstag des Nationalspielers	Anzahl
Januar	Toni Kroos (4.1.), Matthias Ginter (19.1.)	2
Februar	Ron-Robert Zieler (12.2.), Christoph Kramer (19.2.), Benedikt Höwedes (29.2.)	3
März	Manuel Neuer (27.3.)	1
April	Sami Khedira (4.4.), Shkodran Mustafi (17.4.)	2
Mai	Erik Durm (12.5.)	1
Juni	Mario Götze (3.6.), Lukas Podolski (4.6.), Miroslav Klose (9.6.)	3
Juli	Kevin Großkreutz (19.7.)	1

August	Bastian Schweinsteiger (1.8.), Roman Weidenfeller (6.8.)	2
September	Jérôme Boateng (3.9.), Thomas Müller (13.9.), Julian Draxler (20.9.), Per Mertesacker (29.9.)	4
Oktober	Mesut Özil (15.10.)	1
November	André Schürrle (6.11.), Philipp Lahm (11.11.)	2
Dezember	Mats Hummels (16.12.)	1

Ergebnis nach Quartal

Quartal	Anzahl Spielergeburtstage
Q1	6
Q2	6
Q3	7
Q4	4

Auffällig: Nur 4 von 23 Profis haben im letzten Quartal Geburtstag; das ist eine unterdurchschnittliche Quote von 17,4 Prozent.

Auch sind in der ersten Jahreshälfte mehr Weltmeister (12) geboren als in der zweiten (11).

DFB-Kader EM 2016

Monat	Geburtstag des Nationalspielers	Anzahl
Januar	Toni Kroos (4.1.), Leroy Sané (11.1.), Emre Can (12.1.)	3
Februar	Joshua Kimmich (8.2.), Jonathan Tah (11.2.), Benedikt Höwedes (29.2.)	3
März	Bernd Leno (4.3.), Manuel Neuer (27.3.)	2
April	Sami Khedira (4.4.), Shkodran Mustafi (17.4.), Marc-André ter Stegen (30.4.)	3
Mai	Jonas Hector (27.5.)	1
Juni	Mario Götze (3.6.), Lukas Podolski (4.6.)	2
Juli	Mario Gómez (10.7.)	1
August	Bastian Schweinsteiger (1.8.)	1
September	Jérôme Boateng (3.9.), Julian Weigl (8.9.), Thomas Müller (13.9.), Julian Draxler (20.9.)	4
Oktober	Mesut Özil (15.10.)	1
November	André Schürrle (6.11.)	1
Dezember	Mats Hummels (16.12.)	1

Ergebnis nach Quartal

Quartal	Anzahl Spielergeburtstage
Q1	8
Q2	6
Q3	6
Q4	3

Im deutschen EM-Kader von 2016 feiern nur 3 von 23 Profis (anteilig 13 Prozent) im letzten Quartal Geburtstag.

Auch sind in der ersten Jahreshälfte deutlich mehr Spieler (14) geboren als in der zweiten (9).

DFB-Kader WM 2018

Monat	Geburtstag des Nationalspielers	Anzahl
Januar	Toni Kroos (4.1.), Matthias Ginter (19.1.), Marvin Plattenhardt (26.1.)	3
Februar	Leon Goretzka (6.2.), Joshua Kimmich (8.2.), Sebastian Rudy (28.2.)	3
März	Antonio Rüdiger (3.3.), Timo Werner (6.3.), Manuel Neuer (27.3.)	3
April	Sami Khedira (4.4.), Marc-André ter Stegen (30.4.)	2
Mai	Julian Brandt (2.5.), Jonas Hector (27.5.), Marco Reus (31.5.)	3
Juni	-	0
Juli	Kevin Trapp (8.7.), Mario Gómez (10.7.)	2
August	-	0
September	Niklas Süle (3.9.), Jérôme Boateng (3.9.), Thomas Müller (13.9.), Julian Draxler (20.9.)	4
Oktober	Mesut Özil (15.10.), İlkay Gündoğan (24.10.)	2
November	-	0
Dezember	Mats Hummels (16.12.)	1

Ergebnis nach Quartal

Quartal	Anzahl Spielergeburtstage
Q1	9
Q2	5
Q3	6
Q4	3

Im deutschen WM-Kader von 2018 feiern nur 3 von 23 Profis (anteilig 13 Prozent) im letzten Quartal Geburtstag.

Auch sind in der ersten Jahreshälfte wieder deutlich mehr Spieler (14) geboren als in der zweiten (9).

Das erste Quartal belegt den Topwert mit 9 (!) DFB-Profis, die zwischen Januar und März Geburtstag feiern.

DFB-Kader EM 2020 (Turnier ausgetragen 2021):

Monat	Geburtstag des Nationalspielers	Anzahl
Januar	Toni Kroos (4.1.), Leroy Sané (11.1.), Emre Can (12.1.), Matthias Ginter (19.1.)	4
Februar	Leon Goretzka (6.2.), Joshua Kimmich (8.2.), Jamal Musiala (26.2.), Christian Günter (28.2.)	4
März	Antonio Rüdiger (3.3.), Bernd Leno (4.3.), Timo Werner (6.3.), Florian Neuhaus (16.3.), Manuel Neuer (27.3.)	5
April	-	0
Mai	-	0
Juni	Lukas Klostermann (3.6), Kai Havertz (11.6.)	2

Juli	Robin Gosens (5.7.), Kevin Trapp (8.7.), Serge Gnabry (14.7.), Jonas Hofmann (14.7.), Robin Koch (17.7.), Kevin Volland (30.7.)	6
August	-	0
September	Niklas Süle (3.9.), Thomas Müller (13.9.), Marcel Halstenberg (27.9.)	3
Oktober	İlkay Gündoğan (24.10.)	1
November	-	0
Dezember	Mats Hummels (16.12.)	1

Ergebnis nach Quartal

Quartal	Anzahl Spielergeburtstage
Q1	13
Q2	2
Q3	9
Q4	2

Der deutsche EM-Kader von 2020 beziehungsweise 2021 setzte sich durch die Sonderregeln nach der Coronapandemie aus 26 Spielern zusammen.

Nur 2 von 26 Profis (anteilig 8 Prozent) feiern im letzten Quartal Geburtstag.

Ebenso sind in der ersten Jahreshälfte wieder mehr Spieler (15) geboren als in der zweiten (11).

DFB-Kader WM 2022

Monat	Geburtstag des Nationalspielers	Anzahl
Januar	Leroy Sané (11.1.), Karim Adeyemi (18.1.), Matthias Ginter (19.1.)	3
Februar	Leon Goretzka (6.2.), Joshua Kimmich (8.2.), Niclas Füllkrug (9.2.), Jamal Musiala (26.2.), Christian Günter (28.2.)	5
März	Antonio Rüdiger (3.3.), Manuel Neuer (27.3.)	2
April	David Raum (22.4.), Marc-André ter Stegen (30.4.)	2
Mai	Julian Brandt (2.5.)	1
Juni	Lukas Klostermann (3.6.), Mario Götze (3.6.), Kai Havertz (11.6.)	3
Juli	Kevin Trapp (8.7.), Serge Gnabry (14.7.), Jonas Hofmann (14.7.)	3
August	-	0
September	Niklas Süle (3.9.), Thomas Müller (13.9.), Thilo Kehrer (21.9.)	3
Oktober	İlkay Gündoğan (24.10.)	1
November	Youssoufa Moukoko (20.11.)	1
Dezember	Nico Schlotterbeck (1.12.), Armel Bella-Kotchap (11.12.)	2

Ergebnis nach Quartal

Quartal	Anzahl Spielergeburtstage
Q1	10
Q2	6
Q3	6
Q4	4

Im deutschen WM-Kader von 2022 feiern nur 4 von 26 Profis (anteilig 15 Prozent) im letzten Quartal Geburtstag.

Dagegen haben 10 Profis im ersten Quartal (anteilig 39 Prozent) Geburtstag.

In der ersten Jahreshälfte sind wieder mehr Spieler (16) geboren als in der zweiten (10).

Fazit: Fasst man die Kader der deutschen Nationalmannschaft bei Weltmeister- und Europameisterschaften zwischen 2014 und 2022 zusammen, so lassen sich die wissenschaftlichen Erhebungen in der Tendenz bestätigen: Die Mehrheit der deutschen Nationalspieler hat bei großen Turnieren im ersten Quartal eines Jahres Geburtstag. Das letzte Quartal schneidet dagegen statistisch am schwächsten ab.

Gesamtergebnis nach Quartal im Zeitraum 2014 bis 2022

Quartal	Anzahl Spielergeburtstage
Q1	46
Q2	25
Q3	34
Q4	16

WARUM FÜLLKRUG »LÜCKE« GERUFEN WIRD

Von Namen und Kosenamen

VON »HANS« BIS »WILLI«: DIE HÄUFIGSTEN VORNAMEN DER DEUTSCHEN NATIONALSPIELER

Wer ist Thomas Müller? lautete im Jahr 2014 eine Dokumentation der ARD.

Autor und Regisseur Christian Heynen brachte dabei den Zuschauern anhand von Statistiken den »Durchschnittsdeutschen« näher. »Thomas Müller« ist statistisch betrachtet der am häufigsten vorkommende Vor- und Nachname. Der idealtypische »Thomas Müller« ist zudem 1,78 Meter groß, 83,4 Kilo schwer und 43 Jahre alt. Jener Thomas Müller, der im Jahr 2014 mit Deutschland Weltmeister wurde und heute zu den Superstars des deutschen Fußballs zählt, ist 1,85 Meter groß.

Deutsche Nationalspieler, die den Vornamen »Thomas« besitzen, hat es in der Historie insgesamt 14-mal gegeben. Die Nachnamen der 14 Profis lauten: Allofs, Berthold, Brdarić, Doll, Häßler, Helmer, Hitzlsperger, Hörster, Kroth, Linke, Müller, Ritter, Strunz und Wolter.

»Thomas« verfehlt jedoch im Vornamen-Ranking der deutschen Nationalspieler eine Topplatzierung. Datengrundlage für die eigene Auswertung sind 972 Spieler, die in der Geschichte der deutschen Nationalmannschaft zwischen 1908 und 2023 zum Einsatz gekommen sind (Quellen: *dfb.de, wikipedia.de*).

So ist »Hans« historisch betrachtet der häufigste Vorname eines deutschen Nationalspielers. Zur Vornamensgruppe »Hans«/»Hansi« (46-mal) flossen in die Wertung auch »Johann«/»Johannes« (12-mal) sowie die Doppelnamen »Hans-

Günter«, »Hans-Josef« und »Hans-Peter« ein. Insgesamt 62 der deutschen 972 Nationalspieler (6,4 Prozent) hören damit auf den Vornamen »Hans« – der absolute Topwert in diesem Ranking.

Zu den bekanntesten Vertretern mit dem Vornamen »Hans« zählen **Hans Schäfer**, **Hans Tilkowski** und **Hans-Peter Briegel**. Schäfer wurde 1954 mit Deutschland Weltmeister. Tilkowski war Stammkeeper der deutschen Nationalmannschaft bei der Weltmeisterschaft 1966. Hans-Peter Briegel prägte die 1980er-Jahre mit, unter anderem wurde der athletische Defensivakteur 1980 Europameister und 1982 sowie 1986 Vizeweltmeister.

Platz zwei im Vornamen-Ranking teilen sich »Wilhelm« (inklusive »Willy, »Willi« und »Willibald«) und »Karl« (inklusive »Carl« und »Karl-Heinz«). Beide Vornamensgruppen bringen es auf 43 Erwähnungen.

Nahezu alle Spieler mit dem Vornamen »Wilhelm« kamen vor 1960 für das DFB-Team zum Einsatz, weshalb sich der Bekanntheitsgrad dieser Spieler heutzutage in Grenzen hält. Der wohl berühmteste Vertreter dürfte Verteidiger **Willi Schulz** sein. Der gebürtige Wattenscheider spielte bei den Weltmeisterschaften 1962, 1966 und 1970 für Deutschland.

Unter den Nationalspielern mit dem Vornamen »Karl« seien zwei Vertreter erwähnt: **Karl Mai** gewann als Stammspieler mit Deutschland die Weltmeisterschaft 1954. **Karl-Heinz Rummenigge,** der spätere Vorstandsvorsitzende des FC Bayern, gewann mit dem DFB-Team 1980 die Europameisterschaft und erreichte zweimal das WM-Finale (1982, 1986).

Platz vier im Ranking holt sich der Vorname »Josef« (inklusive »Jupp« und »Sepp«) mit 26 Erwähnungen. Dabei seien stellvertretend **Sepp Herberger** und **Jupp Heynckes** angeführt. Herberger kam zwischen 1921 und 1925 für die Nationalmannschaft dreimal zum Einsatz, bevor er 1954 als Trainer das DFB-Team zum ersten WM-Titel führte. Jupp Heynckes wurde als Spieler 1972 Europameister und 1974 Weltmeister. Später schlug er eine erfolgreiche Karriere als Vereinstrainer ein, unter anderem gewann Heynckes mit Real Madrid (1998) und dem FC Bayern (2013) die Champions League.

Das Vornamen-Ranking der deutschen Nationalspieler

Platz	Vorname	Anzahl	Bekannteste Vertreter
1.	Hans	62	Hans Schäfer, Hans Tilkowski, Hans-Peter Briegel
2.	Wilhelm	43	Willi Schulz
2.	Karl	43	Karl Mai, Karl-Heinz Rummenigge
4.	Josef	26	Sepp Herberger, Jupp Heynckes

NACHNAMEN: AN MÜLLER KOMMT KEINER VORBEI

Nun der Blick auf die Nachnamen der deutschen Nationalspieler. Dabei gibt es einen souveränen Sieger: Gleich zehnmal trug ein deutscher Nationalspieler den Nachnamen »Müller« – der Topwert.

Natürlich ragen die drei Stürmer Gerd, Dieter und Thomas Müller, die nicht miteinander verwandt sind, hervor. **Gerd Müller** gilt als der beste deutsche Stürmer aller Zeiten und schoss Deutschland im Finale 1974 zum WM-Titel. **Dieter Müller** wurde zweimal Torschützenkönig der Bundesliga (1977, 1978) und gewann in der Saison 1977/78 die deutsche Meisterschaft mit dem 1. FC Köln. In der Nationalmannschaft hatte Dieter Müller nur eine kurze Phase als Stammspieler zwischen 1976 und 1978, dabei sprang der Titel des Vizeeuropameisters im Jahr 1976 heraus. **Thomas Müller** wiederum ist seit 2010, abgesehen von kurzen Unterbrechungen 2019 und 2023, ein prägender Faktor in der Nationalmannschaft.

Platz zwei im Ranking geht an den Nachnamen »Schulz«. Insgesamt acht Nationalspieler sind Nachnamensvettern. Neben dem bereits bei den Vornamen erwähnten **Willi Schulz** sei auch der Vizeeuropameister von 1992, **Michael Schulz,** erwähnt.

Rang drei holt sich der Nachname »Schmidt«/»Schmitt« mit sechs Nennungen. Der bekannteste Schmidt-Vertreter dürfte **Alfred »Aki« Schmidt** sein. Der Mittelfeldspieler ist eine Legende bei Borussia Dortmund und war zwischen 1957 und 1964 für die

Nationalmannschaft aktiv. Schmidt war zudem der erste BVB-Spieler, der das DFB-Team als Kapitän anführte.

Den vierten Platz teilen sich drei Nachnamen mit jeweils fünf Spielern: »Schneider«, »Weber« und »Werner«. Jeweils ein Namensvertreter sei als Beispiel angeführt: Flügelstürmer **Bernd Schneider** wurde 2002 mit Deutschland Vizeweltmeister. Verteidiger **Wolfgang Weber** gelang der Einzug ins WM-Finale 1966, und Stürmer **Timo Werner** hat es seit seinem Debüt 2017 auf über 50 Länderspieleinsätze und über 20 Tore für die DFB-Auswahl gebracht.

Das Nachnamen-Ranking der deutschen Nationalspieler

Platz	Nachname	Anzahl	Bekannteste Vertreter
1.	Müller	10	Gerd Müller, Dieter Müller, Thomas Müller
2.	Schulz	8	Willi Schulz, Michael Schulz
3.	Schmidt/Schmitt	6	Alfred Schmidt
4.	Schneider	5	Bernd Schneider
4.	Weber	5	Wolfgang Weber
4.	Werner	5	Timo Werner

Setzt man nun den häufigsten Vornamen und den häufigsten Nachnamen eines deutschen Nationalspielers zusammen, dann lautet der idealtypische Name »**Hans Müller**«. Tatsächlich gibt es einen Hans Müller, der mit dem DFB-Team Erfolge gefeiert hat:

Hans, genannt »Hansi«, Müller lief auf Vereinsebene für den VfB Stuttgart und Inter Mailand auf, mit Deutschland wurde der offensive Mittelfeldspieler 1980 Europameister und 1982 Vizeweltmeister.

Noch zwei Fun-Facts: **Alfred Au** bestritt 1921 sein einziges Länderspiel für Deutschland beim 3:3 in Finnland. Mit nur zwei Buchstaben besitzt Au den kürzesten Nachnamen aller Spieler in der Geschichte der deutschen Nationalmannschaft.

Das Pendant zu Au stellt **Bastian Schweinsteiger** dar. Der Nachname des Weltmeisters von 2014 setzt sich aus 14 Buchstaben zusammen. Damit hat Schweinsteiger den längsten Nachnamen aller 972 deutschen Nationalspieler – einzig ein Akteur mit Doppelnachnamen kann Schweinsteiger diesen kuriosen Rekord streitig machen: **Lothar Budzinski-Kreth** spielte im Jahr 1910 für Deutschland und bringt es mit seinem Nachnamen ebenfalls auf 14 Buchstaben.

ZWAR NICHT DER BRUDER IM GEISTE, ABER AUF DEM PLATZ: LEGENDÄRE BRÜDERPAARE

Von den legendären Walter-Brüdern bis zu den Rummenigges: In der deutschen Nationalmannschaft haben schon einige Geschwister für Furore gesorgt. Hier eine Auswahl an Brüderpaaren, die zum Teil auch gemeinsam für das DFB-Team aufgelaufen sind.

Das Brüderpaar schlechthin des deutschen Fußballs sind natürlich **Fritz und Ottmar Walter.** Die beiden Fußballlegenden aus Kaiserslautern führten Deutschland 1954 zum ersten Weltmeistertitel. Fritz Walter, Jahrgang 1920 und damit über drei Jahre älter als sein Bruder Ottmar, war offensiver Mittelfeldspieler und Kapitän der Nationalmannschaft; Ottmar Walter agierte als Mittelstürmer. Fritz Walter starb im Alter von 81 Jahren im Juni 2002, Bruder Ottmar wurde 89 Jahre alt und starb im Juni 2013.

Zu den legendären Brüderpaaren des deutschen Fußballs zählen selbstverständlich auch **Uli und Dieter Hoeneß.** Allerdings liefen beide nie gemeinsam für die Nationalmannschaft auf. Das hat im Kern wohl zwei Gründe: Uli Hoeneß, Jahrgang 1952, ist zwar nur ein Jahr älter als sein Bruder Dieter, doch seine Karriere nahm deutlich schneller Fahrt auf: Er gewann in den 1970er-Jahren zahlreiche Titel, darunter die Europameisterschaft 1972 und die Weltmeisterschaft 1974. Allerdings setzte dem pfeilschnellen Stürmer eine Knieverletzung zu, die letztlich 1979 zum Karriereende führte. Uli Hoeneß wurde umgehend Manager des FC Bayern und holte seinen Bruder Dieter vom VfB Stuttgart nach München. Während Dieter Hoeneß sich als Stammspieler beim FC Bayern etablierte, kam er in der Nationalmannschaft unter anderem an Karl-Heinz Rummenigge und Rudi Völler nicht vorbei. So stehen für Dieter Hoeneß in der Bilanz nur sechs A-Länderspiele und der Vize-WM-Titel 1986, allerdings gewann er als Spieler mit dem FC Bayern mehr deutsche Meisterschaften (5) als Bruder Uli (3).

Wie die Hoeneß-Brüder spielten auch die Brüder **Karl-Heinz und Michael Rummenigge** für den FC Bayern – sie hatten dabei das Glück, phasenweise in München gemeinsam zu spielen. Mit dem FC Bayern gewannen die Rummenigges den DFB-Pokal 1982 und 1984. In der Nationalmannschaft gab es eine Partie, bei der beide Brüder für ein paar Minuten in derselben Elf spielten: Im Oktober 1983 besiegte Deutschland die Türkei mit 5 : 1 in der EM-Qualifikation. Während Karl-Heinz Rummenigge von Beginn an spielte, wurde Bruder Michael neun Minuten vor Spielende eingewechselt. Es war einer von zwei Einsätzen für Michael Rummenigge in der Nationalmannschaft, in der er nicht so Fuß fassen konnte wie sein Bruder, der zwischen 1976 und 1986 das Spiel der DFB-Auswahl prägte.

Übrigens: Auch **Wolfgang Rummenigge** (Jahrgang 1951), der ältere Bruder von Karl-Heinz (Jahrgang

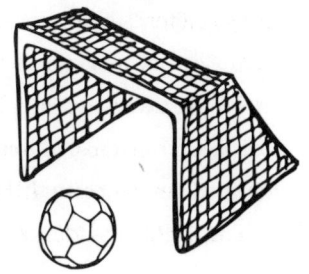

1955) und Michael (Jahrgang 1964), war Profifußballer. Er spielte Mitte der 1970er-Jahre im Mittelfeld des Zweitligisten DJK Gütersloh.

Ebenfalls ein erfolgreiches Brüderpaar aus den 1980er-Jahren waren **Bernd und Karlheinz Förster**. Beide spielten in der Verteidigung, prägten auf Klubebene eine Ära beim VfB Stuttgart und wurden mit der Nationalmannschaft 1980 Europameister sowie 1982 Vizeweltmeister. Bernd Förster, Jahrgang 1956, beendete seine Karriere in der Nationalmannschaft nach dem Vorrundenaus bei der EM 1984. Karlheinz Förster, geboren 1958, nahm noch an der WM 1986 teil. Insgesamt bestritt Karlheinz Förster 81 Länderspiele, Bruder Bernd hingegen 33.

Zu jenen Spielern, die den Nationalmannschaftszyklus zwischen Herbst 1978 und Sommer 1986 durchlebt haben, zählt auch **Klaus Allofs**. Der Stürmer brachte es in diesem Zeitraum auf 17 Tore in 56 Länderspielen. Sein drei Jahre jüngerer Bruder Thomas (Jahrgang 1959) wiederum weist zwei Länderspiele auf (1985, 1988), stand aber bei diesen beiden Partien als einziger der Allofs-Brüder auf dem Feld. Ganz anders in der Bundesliga, in der die gebürtigen Düsseldorfer in den drei Saisons zwischen 1978 und 1981 gemeinsam im Angriff der Fortuna wirbelten.

Ein Sprung in die 2010er-Jahre: In dieser Zeit schafften die Zwillingsbrüder **Sven und Lars Bender** (27.4.1989) jeweils die Aufnahme in die Nationalmannschaft. Die Benders hatten die Jugendauswahl beim TSV 1860 München durchlaufen, bevor sie sich als Defensivakteure in der Bundesliga etablierten. Sven Bender feierte große Erfolge mit Borussia Dortmund (unter anderem das Double 2012), Lars Bender zählte zu den Leistungsträgern bei Europacupteilnehmer Bayer Leverkusen. Beide wurden jedoch immer wieder vom Verletzungspech verfolgt, weshalb sie in der Nationalmannschaft nie richtig durchstarten konnten. Ihre Länderspielbilanz: Sven Bender spielte siebenmal für Deutschland, Lars Bender 19-mal. Ab 2017 kickten die Brüder gemeinsam für Bayer Leverkusen, und 2021 entschlossen sie sich, ihre Profikarriere zu beenden, spielten jedoch bei ihrem Heimatverein TSV Brannenburg im Landkreis Rosenheim als Amateure weiterhin Fußball.

Zuletzt sei noch ein Bruderpaar angeführt, das aktuell im Profibereich aktiv und bereits für das DFB-Team aufgelaufen ist: **Felix und Lukas Nmecha.** Mittelfeldspieler Felix Nmecha, geboren 2000, durchlief die Jugend beim englischen Topklub Manchester City, wechselte 2021 zum VfL Wolfsburg in die Bundesliga und 2023 zu Borussia Dortmund. Sein Debüt in der Nationalmannschaft gab Felix Nmecha am 28. März 2023 bei der 2:3-Niederlage im Testspiel gegen Belgien. Zu diesem Zeitpunkt hatte sein rund zwei Jahre älterer Bruder Lukas bereits sieben Länderspiele absolviert, sein erstes Spiel in der A-Nationalmannschaft bestritt er im November 2021 als Einwechselspieler gegen Liechtenstein. In den jeweils sieben Kurzeinsätzen – in keiner Partie stand Lukas Nmecha länger als eine Halbzeit auf dem Platz – blieb dem Mittelstürmer jedoch ein Treffer verwehrt.

Zum Abschluss des Kapitels sei noch eine legendäre Anekdote über die Kremers-Zwillinge festgehalten: **Erwin und Helmut**

Kremers, geboren am 24. März 1949, waren in den 1970er-Jahren Topstars bei Schalke 04. Kein Wunder, dass Linksaußen Erwin Kremers und Linksverteidiger Helmut Kremers auch für die Nationalmannschaft nominiert wurden. Jedoch geschah kurz vor der Heim-WM 1974 folgendes Malheur: Erwin Kremers beleidigte im letzten Bundesligaspiel vor der WM beim 1. FC Kaiserslautern Schiedsrichter Max Klauser und erhielt deshalb die Rote Karte. Kremers hatte nach einem klaren, aber nicht gegebenen Foulspiel »blöde Sau« zu Klauser gesagt. Der Referee zeigte sogar noch Fingerspitzengefühl und hörte zunächst zweimal weg. Doch Erwin Kremers legte nach: »Noch einmal für Doofe: Sie sind eine blöde Sau!«, woraufhin er des Feldes verwiesen wurde. Er kannte aber fatalerweise die damalige DFB-Bestimmung nicht, wonach ein Spieler, der einen Platzverweis erhalten hatte, vorerst nicht für die Nationalmannschaft nominiert werden konnte. So flog Erwin Kremers aus dem WM-Kader, nur sein Bruder Helmut gehörte dem deutschen Aufgebot für die WM 1974 an. Helmut Kremers kam beim Turnier zwar nicht zum Einsatz, kann sich aber im Gegensatz zu seinem Bruder »Weltmeister« nennen. Kleiner Trost: Erwin Kremers gewann mit Deutschland den EM-Titel 1972. Sein Bruder war damals nicht nominiert.

VON »BAMBI« BIS »BUMBES«:
DIE SPITZNAMEN DER DFB-STARS

Zahlreiche Fußballprofis besitzen einen Spitznamen. Viele *nicknames* ergeben sich aus einer Kurzform des Vor- oder Zunamens, manche Spitznamen werden innerhalb der Mannschaft vergeben, andere wiederum werden durch Fans oder Medien einem Akteur zuteil. Es folgt eine Auswahl an Spitznamen (ehemaliger) deutscher Nationalspieler.

»Bumbes«

Der gebürtige Fürther Hans Schmidt absolvierte zwischen 1913 und 1926 insgesamt 16 Länderspiele für Deutschland. Später führte er als Trainer Schalke 04 dreimal zur deutschen Meisterschaft. Sein Spitzname »Bumbes« entstand laut der Autoren Christoph Bausenwein und Bernd Siegler *(Das Club Lexikon)* wie folgt: Schmidt sei in der Jugendmannschaft von einem Gegenspieler so stark gerempelt worden, dass Schmidt relativ weit wegflog. Ein Zuschauer soll die Szene dann pointiert kommentiert haben mit den Worten: »Schauts nä den glann Bumbes oh!« Für alle Nichtfranken übersetzt: »Klann Bumbes« bedeutet im fränkischen Dialekt »kleiner Furz«.

»Boss«

»Aus dem Hintergrund müsste Rahn schießen. Rahn schießt ...
Tor, Tor, Tor!«: Diese berühmten Worte stammen von Herbert
Zimmermann aus der Radioreportage zum WM-Finale 1954
zwischen Deutschland und der Schweiz. Helmut Rahn erzielte
gerade den Siegtreffer zum 3:2 für Deutschland. Der rechte
Flügelstürmer war zwar nicht Kapitän der Mannschaft, galt aber
dennoch als großer Anführer des Teams. Als Führungspersön-
lichkeit wurde er deshalb »Der Boss« genannt.

»Kaiser«

Franz Beckenbauer prägte als Spieler den FC Bayern zwischen
1964 und 1977, sein Stern in der Nationalmannschaft ging bei
der WM 1966 auf, die Krönung folgte mit dem WM-Titel 1974.
Später, 1990, führte er auch als Teamchef Deutschland zum WM-
Titel. Sein Spitzname »Kaiser« entstand wohl im Jahr 1969. Am
10. Juni 1969 titelte die *Bild*-Zeitung: Franz ist der »Kaiser von
Bayern«. Der FC Bayern war gerade souverän Meister geworden,
und Beckenbauer wurde vom Fachmagazin *kicker* zum besten
Spieler der Bundesliga gekürt. Kurz darauf duellierten sich die
Münchner noch im DFB-Pokalfinale mit Schalke 04 (2:1). Wäh-
rend der Partie foulte Beckenbauer Gegenspieler Reinhard
»Stan« Libuda, der den Spitznamen »König von Westfalen« trug.
Die Schalker Fans pfiffen Beckenbauer daraufhin aus, doch
Beckenbauer ließ sich nicht davon beeindrucken. Er soll der

Überlieferung nach in einer Spielunterbrechung 40 Sekunden lang mit dem Ball vor dem Schalker Anhang jongliert haben. Nach dieser Aktion griffen weitere Journalisten den Begriff »Kaiser Franz« auf. So schrieb Hans Schiefele, Reporter bei der *Süddeutschen Zeitung*, vom »Kaiser Franz«, der den »König von Westfalen« festhielt.

»Stan«

Reinhard Libuda galt in den 1960er- und 1970er-Jahren als einer der besten Dribbler der Welt. Auf Vereinsebene spielte der Rechtsaußen für Schalke 04 und Borussia Dortmund, mit Deutschland erreichte er bei der WM 1970 den dritten Platz. Seinen Spitznamen »Stan« erhielt Libuda in Anlehnung an die englische Fußballlegende Stanley Matthews, da Libuda den unverwechselbaren Trick, links anzutäuschen und rechts am Gegner vorbeizuziehen, von Matthews übernommen und perfektioniert hatte.

»Tante Käthe«

Rudi Völler zählt zu den beliebtesten Kickern der deutschen Fußballgeschichte. Mit Deutschland gewann er 1990 den WM-Titel, als Trainer gelang ihm mit dem DFB-Team 2002 die Finalteilnahme, seit 2023 ist er Sportdirektor der Nationalmannschaft. Schon als Spieler trug Völler den Spitznamen »Tante Käthe«. Zu verdanken hat er diesen Beinamen seinem damaligen Nationalmannschafts- und Zimmerkollegen Thomas Berthold, der wie Völler im hessischen Hanau geboren wurde. Berthold erklärte einst gegenüber dem Magazin *11Freunde*: »Es stimmt, dass ich ihm irgendwann einmal den Namen ›Käthe‹ verpasst habe. Mittlerweile kann ich mich gar nicht mehr genau daran erinnern, wann das war. Aber bei uns in Hessen ist ›Käthe‹ ein geflügeltes Wort, ein Spitzname. Das ist weder positiv noch negativ, sondern das ruft man sich schon einmal so zu. Wie dann ›Tante Käthe‹ daraus wurde, muss dann eine Sache der Medien gewesen sein.«

»Diego«

VfB-Stuttgart-Legende Guido Buchwald spielte bei der WM 1990 ein überragendes Turnier, die Krönung folgte im Finale: Gegen Argentinien schaltete der Defensiv-Allrounder Superstar Diego Maradona komplett aus. Deutschland ging mit einem 1:0 als Sieger vom Platz und feierte den WM-Titel. Zwar hat Buchwalds Spitzname »Diego« direkten Bezug zu Maradona, allerdings geht es dabei laut dem *kicker* nicht um seine starke Leistung im WM-Finale, sondern: Im Trainingslager vor der WM hatte Buchwald seinem Teamkollegen Klaus Augenthaler einen Tunnel verpasst. »Auge« rief daraufhin in Anlehnung an die Dribbelkünste Maradonas in Richtung Buchwald: »Hallo Diego!«.

»Kokser«

Jürgen Kohler wurde 1990 mit Deutschland Weltmeister und 1996 Europameister, auf Vereinsebene räumte er mit dem FC Bayern, Borussia Dortmund und Juventus Turin zahlreiche Titel ab. Laut der offiziellen Bundesliga-Homepage *bundesliga.com/de* soll der Abwehrspieler seinen Spitznamen Kokser aus einem kuriosen Grund erhalten haben. So spielten Kohler und sein deutsch-italienischer Teamkollege Maurizio Gaudino zu Beginn ihrer Profikarriere für Waldhof Mannheim. Gaudino soll sich schwergetan haben, Kohlers Namen richtig auszusprechen und leitete vom umgangssprachlichen Begriff Koks für Kohle den Spitznamen Kokser ab, der dann schnell auch an die Öffentlichkeit durchsickerte.

»Motzki«

Ganz gleich ob als Spieler, Trainer, Manager oder Berater: Matthias Sammer gilt stets als einer der Besten seines Fachs. Getrieben von extremem Ehrgeiz und Perfektionismus, sprach er bereits als Spieler auch in der Öffentlichkeit Fehler schonungslos an. Manchmal trafen seine Wutanfälle sogar die eigenen Mitspieler. Und selbst bei Erfolgen ging Sammer bisweilen antizyklisch vor und hielt eine kritische Rede. Das brachte dem Europameister von 1996 schnell den Spitznamen »Motzki« ein. Einst auf diesen wenig schmeichelhaften Beinamen angesprochen, sagte Sammer zugespitzt: »Wenn ich am Ende vorn stehe, können mich die Leute auch Arschloch nennen. Das ist mir egal.« Gewinnen hat für ihn eben Priorität.

»Popeye«

Carsten Jancker erreichte mit dem DFB-Team 2002 das WM-Finale. Aufgrund seiner Statur – 1,93 Meter groß, Glatze, muskulös – wurde Jancker auch »Popeye« genannt. Der Spitzname bezieht sich auf die berühmte gleichnamige Comicfigur, die einen regelmäßig Spinat essenden und als Folge besonders starken Matrosen darstellt.

»Lutscher«

Torsten Frings spielte zwischen 2001 und 2009 für die deutsche Nationalmannschaft. Seinen Spitznamen »Lutscher« erhielt Frings in den Neunzigern bei Werder Bremen. Als junger Spieler beleidigte Frings damals Superstar Andreas Herzog, da dem österreichischen Routinier im Training ein Fehlpass unterlaufen war. Herzog konterte die Beleidigung offenbar mit dem Ausspruch: »Ey, Lutscher, was soll die Scheiße?« Die Bremer Teamkollegen fanden den Ausspruch lustig und gaben Frings fortan den Spitznamen »Lutscher«. Frings sagte im Jahr 2016 allerdings, dass er auf diesen Spitznamen nicht stolz sei und nicht mehr so genannt werden wolle.

»Ente«

Kevin Volland debütierte im Mai 2014 für die deutsche Nationalmannschaft. Der Mittelstürmer, der seit 2023 für Union Berlin spielt, verfehlte zahlreiche Großturniere knapp, bei der EM 2020 (ausgetragen 2021) schaffte der gebürtige Bayer schließlich den Sprung in den DFB-Kader. Angesprochen auf seinen Spitznamen »Ente« erklärte Volland einst bei *Sport1*, dass ihm ein ehemaliger Teamkollege in der Jugend des TSV 1860 München diesen *nickname* verliehen habe. »Ich habe einen bisschen dickeren Hintern und dazu noch ein Hohlkreuz, deshalb Ente«, erklärte Volland.

»Bambi«

Jamal Musiala verließ 2019 die Jugend des FC Chelsea, um beim FC Bayern durchzustarten. Im Juni 2020 gab der Offensivspieler bereits seinen Einstand in der Bundesliga, 2021 debütierte er im DFB-Team. Musiala wird auch »Bambi« gerufen. Über Parallelen zwischen dem berühmten Kulleraugentier aus dem Disney-Film und dem im Februar 2003 geborenen Musiala führte Teamkollege Serge Gnabry einst auf einer Pressekonferenz der deutschen Nationalmannschaft aus: »Den Spitznamen hat er, glaube ich, von Leroy Sané bekommen, weil man bei seinen Bewegungen, die sehr, sehr flüssig sind, einen Zusammenhang erkennen kann. Er kommt immer an seinen Gegenspielern vorbei. Zudem ist er noch extrem jung und ein lieber, süßer Kerl.« Musiala selbst kann mit dem Spitznamen übrigens gut leben: »Ich finde es witzig. Und wenn man einen Spitznamen bekommt, zeigt es ja auch irgendwie, dass man im Team angekommen ist und von seinen Mitspielern akzeptiert wird.«

»Bär«

»The Wall«, »Schnapper« oder »Manu«: Manuel Neuer besitzt zahlreiche Spitznamen. Der frühere FC-Bayern-Vorstandschef Karl-Heinz Rummenigge überraschte in einem Interview mit der *Sport Bild* allerdings mit einem weiteren inoffiziellen Spitznamen für den Starkeeper, nämlich »Bär«. Der Bayern-Boss begründete seine Namensgebung für den Weltmeister von 2014: »Ich nenne den Manuel so. Weil er wie ein Bär im Tor steht und an ihm einfach kein Vorbeikommen ist. Ich war ja Stürmer, da musstest du immer irgendwie am Torwart vorbeikommen. Und bei Manuel hätte ich große Probleme gehabt. Er füllt das Tor aus, dazu hat er die Gabe, bis zum letzten Bruchteil einer Sekunde stehen zu bleiben.«

»Lücke«

Niclas Füllkrug ragte bei der WM 2022 im DFB-Team heraus. Der Stürmer erzielte unter anderem das 1:1 gegen Spanien, konnte aber das Aus der deutschen Nationalmannschaft in der Vorrunde nicht verhindern. Dennoch stieg Füllkrug zum Publikumsliebling auf. Seinen Spitznamen »Lücke« verdankt er seinem früheren Teamkollegen bei Werder Bremen, Marko Arnautović. Der Österreicher wollte offenbar Füllkrugs Zahnlücke im Oberkiefer besonders würdigen. Hinter besagter Lücke steckt übrigens ein ernster medizinischer Hintergrund, den man in aller Kürze so zusammenfassen kann: Durch eine Zahnfehlstellung trug Füllkrug als Jugendlicher eine Zahnspange, die an einer Stelle Platz schaffen sollte, um als Erwachsener die Lücke durch ein Zahnimplantat zu schließen. Allerdings hat Füllkrug als Erwachsener dann (vorerst) auf eine Weiterbehandlung verzichtet.

GELD REGIERT DIE (FUSSBALL)WELT

Der Transfermarkt

HAVERTZ ON TOP: DIE REKORDTRANSFERS DER DEUTSCHEN NATIONALSPIELER

Der Transfermarkt hat sich im vergangenen Jahrzehnt enorm entwickelt, die Summen, die gezahlt werden, wirken teilweise absurd. Eine deutsche Auffälligkeit, die dabei meistens zu kurz kommt: Bei den Rekordtransfers sind in der Regel keine deutschen Spieler mit von der Partie. Das hat unterschiedliche Gründe, eine Ursache ist aber relativ schnell dargelegt: Deutsche Topteams wie der FC Bayern oder Borussia Dortmund versuchen, die besten deutschen Spieler im Klub zu halten. Zum Beispiel hätte der FC Bayern Mitte der 2010er-Jahre seinen Angreifer Thomas Müller für rund 100 Millionen Euro an Manchester United verkaufen können – ebenso wie der Spieler lehnte der Klub diesen Deal jedoch ab. Darüber hinaus wechseln deutsche Spieler oftmals dann ins Ausland, wenn sie entweder ablösefrei sind oder ihr Vertrag nur noch ein Jahr Gültigkeit hat. Kritiker behaupten zudem, dass die individuelle Qualität deutscher Fußballprofis in Summe sinkt, weshalb sich das Kaufinteresse und die Ablösen in Grenzen halten.

Jedenfalls verhält es sich so, dass laut *transfermarkt.de* unter den teuersten 250 Transfers aller Zeiten nur acht deutsche Spieler vorkommen beziehungsweise eigentlich nur sechs Profis, weil Leroy Sané und Kai Havertz zweimal eine hohe Ablöse generiert haben.

Kai Havertz hält den deutschen Ablösesummenrekord. Im Sommer 2020 wechselte der Stürmer von Bayer 04 Leverkusen zum FC Chelsea für 80 Millionen Euro. International belegt Havertz damit aber »nur« Platz 37.

Auch Platz zwei im innerdeutschen Ranking geht an **Havertz**. Im Sommer 2023 wechselte der gebürtige Aachener innerhalb Londons vom FC Chelsea zu Arsenal. Die Ablöse betrug 75 Millionen Euro; international ist es für Havertz damit Platz 43.

An dritter Stelle folgt **Timo Werner**. Der Stürmer verließ im Jahr 2020 Deutschland und ging ebenfalls zum FC Chelsea. Dafür flossen 53 Millionen Euro an seinen abgebenden Verein RB Leipzig; auf internationaler Ebene nimmt der Transfer Platz 108 ein.

Vor Havertz und Werner hatte **Leroy Sané** im Sommer 2015 einen neuen deutschen Ablöserekord aufgestellt. Im Alter von 20 Jahren sagte der Flügelstürmer dem FC Schalke 04 auf Wiedersehen und wechselte nach England zu Manchester City. Die »Skyblues« zahlten dafür nach Angaben des einschlägigen Portals *transfermarkt.de* 52 Millionen Euro Ablöse; international steht Sané auf Platz 114.

Ebenso geht Platz fünf der teuersten Transfers deutscher Profis an **Sané**. Im Sommer 2021 wechselte Sané von Manchester City zum FC Bayern. Die Münchner legten eine Ablöse von 49 Millionen Euro auf den Tisch, womit sich dieser Klubwechsel international auf Platz 132 befindet.

Deutscher Transferrekordhalter vor Sané wiederum war **Mesut Özil**. Der offensive Mittelfeldspieler wechselte im Sommer 2013 von Real Madrid zu Arsenal. Die Engländer zahlten dafür eine Ablöse in Höhe von 47 Millionen Euro. Im internationalen Transfergeschäft bedeutet der Deal Platz 137 für Özil, der mittlerweile seine Karriere beendet hat.

Im deutschen Ranking auf Platz sieben folgt **Julian Draxler.** Der Weltmeister von 2014 wechselte 2015 vom FC Schalke zum VfL Wolfsburg. Die Niedersachsen ließen sich den Transfer gemäß *transfermarkt.de* 43 Millionen Euro kosten. International hält der Vereinswechsel Platz 173 inne.

Ebenfalls ein deutscher Weltmeister belegt Rang acht. **Shkodran Mustafi** entschied sich 2016, vom FC Valencia zu Arsenal zu wechseln. Die Londoner berappten für den Transfer des Verteidigers 41 Millionen Euro. Mustafi belegt mit dem Deal Platz 201 im internationalen Vergleich.

Thilo Kehrer und Mario Götze komplettieren die Top Ten der teuersten deutschen Transfers aller Zeiten. Defensiv-Allrounder **Thilo Kehrer** wechselte 2018 vom FC Schalke zu Paris Saint-Germain für 37 Millionen Euro.

Ebenfalls 37 Millionen Euro kostete der spektakuläre Transfer von **Mario Götze** im Jahr 2013 von Borussia Dortmund zum FC Bayern. Götze und Kehrer verpassen jeweils knapp die Top 250 im internationalen Ranking.

Die zehn teuersten deutschen Transfers aller Zeiten

Platz	Spieler	Jahr	Verkäufer	Käufer	Ablöse
1.	Kai Havertz	2020	Bayer 04 Leverkusen	FC Chelsea	80 Mio. Euro
2.	Kai Havertz	2023	FC Chelsea	Arsenal	75 Mio. Euro
3.	Timo Werner	2020	RB Leipzig	FC Chelsea	53 Mio. Euro
4.	Leroy Sané	2015	FC Schalke	Manchester City	52 Mio. Euro
5.	Leroy Sané	2021	Manchester City	FC Bayern	49 Mio. Euro
6.	Mesut Özil	2013	Real Madrid	Arsenal	47 Mio. Euro
7.	Julian Draxler	2015	FC Schalke	VfL Wolfsburg	43 Mio. Euro
8.	Shkodran Mustafi	2016	FC Valencia	Arsenal	41 Mio. Euro
9.	Thilo Kehrer	2018	FC Schalke	Paris Saint-Germain	37 Mio. Euro
9.	Mario Götze	2013	Borussia Dortmund	FC Bayern	37 Mio. Euro

Angaben von *transfermarkt.de*

Das internationale Ranking führen der Brasilianer Neymar, der Franzose Kylian Mbappé und der Brasilianer Philippe Coutinho an. Neymar wechselte 2017 für die Rekordsumme von 222 Millionen Euro vom FC Barcelona zu Paris Saint-Germain. In deutsche Dimensionen umgerechnet: Damit hätte PSG dreimal Kai Havertz kaufen können, der mit 80 Millionen Euro Platz 37 bei den teuersten Transfers aller Zeiten einnimmt.

Die drei teuersten internationalen Transfers aller Zeiten (im Vergleich zu deutschen Transfers)

Platz	Spieler	Jahr	Verkäufer	Käufer	Ablöse
1.	Neymar	2017	FC Barcelona	Paris Saint-Germain	222 Mio. Euro
2.	Kylian Mbappé	2018	AS Monaco	Paris Saint-Germain	180 Mio. Euro
3.	Philippe Coutinho	2017	FC Liverpool	FC Barcelona	135 Mio. Euro
...					
37.	Kai Havertz	2020	Bayer 04 Leverkusen	FC Chelsea	80 Mio. Euro
43.	Kai Havertz	2023	FC Chelsea	Arsenal	75 Mio. Euro
108.	Timo Werner	2020	RB Leipzig	FC Chelsea	53 Mio. Euro
114.	Leroy Sané	2015	FC Schalke	Manchester City	52 Mio. Euro
132.	Leroy Sané	2021	Manchester City	FC Bayern	49 Mio. Euro
137.	Mesut Özil	2013	Real Madrid	Arsenal	47 Mio. Euro
173.	Julian Draxler	2015	FC Schalke	VfL Wolfsburg	43 Mio. Euro
201.	Shkodran Mustafi	2016	FC Valencia	Arsenal	41 Mio. Euro

Angaben von *transfermarkt.de*

MUSIALA UND WIRTZ: DIE TEUERSTEN DEUTSCHEN NATIONALSPIELER

Geht es um die wertvollsten Spieler der Welt, dann schneiden deutsche Fußballprofis deutlich besser ab als im Ablöse-Ranking. Derzeit gilt **Jamal Musiala** als der am stärksten eingestufte deutsche Profi, laut *transfermarkt.de* kommt er auf einen Wert von 110 Millionen Euro. Der Offensivakteur ist damit zugleich der siebtwertvollste Spieler der Welt.

Im innerdeutschen Ranking auf Platz zwei folgt **Florian Wirtz,** der einen Marktwert von 85 Millionen Euro besitzt. International hält sich der Regisseur damit in den Top 25 (Platz 23).

Leroy Sané und **Joshua Kimmich** teilen sich den dritten Platz mit jeweils 75 Millionen Euro.

Kai Havertz nimmt Platz fünf mit 60 Millionen Euro ein.

Flügelstürmer **Serge Gnabry** ist mit 55 Millionen Euro auf Rang sechs gelistet.

Sein FC-Bayern-Teamkollege **Leon Goretzka** liegt auf Platz sieben mit einem Marktwert von 45 Millionen Euro.

Es folgen die BVB-Profis **Nico Schlotterbeck** und **Julian Brandt** mit jeweils 40 Millionen Euro.

Linksaußen **Karim Adeyemi** und Torwart **Marc-André ter Stegen** komplettieren jeweils mit 35 Millionen Euro Marktwert die Top Elf.

Anmerkung: Zahlreiche Spieler besitzen eine doppelte Staatsbürgerschaft (unter anderem Musiala/England, Gnabry/Elfenbeinküste). In diesem Ranking werden deshalb jene Profis gelistet, die sich entschieden haben, für das DFB-Team aufzulaufen. Ansonsten wäre unter anderem auch **Hakan Çalhanoğlu** von Inter Mailand anzuführen. Der Deutsch-Türke, der für die türkische Nationalmannschaft spielt, kommt wie Schlotterbeck und Brandt auf einen Marktwert von 40 Millionen Euro.

Die marktwertvollsten deutschen Spieler

Platz	Spieler	Verein	Marktwert	Internat. Ranking
1.	Jamal Musiala	FC Bayern	110 Mio. Euro	7.
2.	Florian Wirtz	Bayer 04 Leverkusen	85 Mio. Euro	23.
3.	Leroy Sané	FC Bayern	75 Mio. Euro	40.
3.	Joshua Kimmich	FC Bayern	75 Mio. Euro	41.
5.	Kai Havertz	Arsenal	60 Mio. Euro	75.
6.	Serge Gnabry	FC Bayern	55 Mio. Euro	87.
7.	Leon Goretzka	FC Bayern	45 Mio. Euro	128.
8.	Nico Schlotterbeck	Borussia Dortmund	40 Mio. Euro	154.
8.	Julian Brandt	Borussia Dortmund	40 Mio. Euro	173.
10.	Karim Adeyemi	Borussia Dortmund	35 Mio. Euro	199.
10.	Marc-André ter Stegen	FC Barcelona	35 Mio. Euro	235.

Angaben von *transfermarkt.de*. Das Portal nimmt bei Gleichstand der Marktwerte noch andere Parameter hinzu, weshalb unter anderem Schlotterbeck und Brandt bei jeweils 40 Millionen Euro Marktwert im internationalen Ranking dennoch fast 20 Plätze auseinanderliegen.

Die marktwertvollsten Spieler der Welt

Platz	Spieler	Nation	Verein	Marktwert
1.	Erling Haaland	Norwegen	Manchester City	180 Mio. Euro
2.	Kylian Mbappé	Frankreich	Paris Saint-Germain	180 Mio. Euro
3.	Jude Bellingham	England	Real Madrid	150 Mio. Euro
4.	Vinicius Junior	Brasilien	Real Madrid	150 Mio. Euro
5.	Bukayo Saka	England	Arsenal	120 Mio. Euro
6.	Victor Osimhen	Nigeria	SSC Neapel	120 Mio. Euro
7.	**Jamal Musiala**	**Deutschland**	**FC Bayern**	**110 Mio. Euro**
8.	Phil Foden	England	Manchester City	110 Mio. Euro
9.	Harry Kane	England	FC Bayern	110 Mio. Euro

Angaben von *transfermarkt.de*. Das Portal nimmt bei Gleichstand der Marktwerte noch andere Parameter hinzu.

DEUTSCHLAND AUF RANG SIEBEN: DIE WERTVOLLSTEN NATIONALMANNSCHAFTEN DER WELT

Wie schneidet das DFB-Team nun als Mannschaft in der Marktwerttabelle ab? Derzeit belegt die deutsche Nationalmannschaft Platz sieben. 27 gelistete Spieler bringen es auf einen Marktwert von 760 Millionen Euro; im Schnitt ist ein deutscher Nationalspieler 28,15 Millionen Euro wert.

Zum Vergleich: Die Topnationen England (1,37), Frankreich (1,14) und Brasilien (1,07) knacken die Milliardenmarke. Ein englischer Nationalspieler beträgt im Schnitt 52,5 Millionen Euro, damit ist er rund 24 Millionen Euro mehr wert als sein deutscher Gegenpart. Die Angaben basieren auf unterschiedlichen Kadergrößen, weshalb im folgenden Ranking der durchschnittliche Marktwert eines Nationalspielers angeführt wird.

Die wertvollsten Nationalmannschaften der Welt

Platz	Nation	Marktwert eines Spielers im Durchschnitt
1.	England	52,50 Mio. Euro
2.	Frankreich	49,39 Mio. Euro
3.	Brasilien	44,67 Mio. Euro
4.	Portugal	39,29 Mio. Euro

5.	Spanien	32,56 Mio. Euro
6.	Argentinien	29,54 Mio. Euro
7.	**Deutschland**	**28,15 Mio. Euro**
8.	Niederlande	23,80 Mio. Euro
9.	Italien	23,19 Mio. Euro
10.	Belgien	19,18 Mio. Euro

Angaben von *transfermarkt.de*

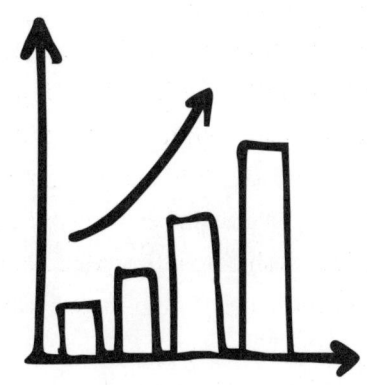

»TITELHAMSTER«
Wer räumt wo am meisten ab?

DIE »EWIGE WM-TABELLE«

Deutschland ist viermal Fußballweltmeister und dreimal Europameister geworden. Nur Brasilien (5) hat mehr WM-Titel gewonnen als Deutschland (4). Dazu einige Fakten und Tabellen.

Übersicht Rekordweltmeister

Nationalmannschaft	WM-Titel	Jahr(e)
Brasilien	5	1958, 1962, 1970, 1994, 2002
Deutschland	**4**	**1954, 1974, 1990, 2014**
Italien	4	1934, 1938, 1982, 2006
Argentinien	3	1978, 1986, 2022
Uruguay	2	1930, 1950
Frankreich	2	1998, 2018
England	1	1966
Spanien	1	2010

Deutschland hat am häufigsten das Endspiel einer Weltmeisterschaft erreicht, nämlich achtmal. Die WM-Finals 1966 (Sieger:
England), 1982 (Italien), 1986 (Argentinien) und 2002 (Brasilien) gingen allerdings verloren. Damit ist Deutschland Rekord-
vizeweltmeister (4).

Brasilien folgt mit sieben WM-Final-Teilnahmen. Platz drei
mit jeweils sechs Finals teilen sich Argentinien und Italien.

Unter den Topnationen hat Brasilien damit eine WM-Final-
Siegquote von gerundet 71 Prozent (5/7). Italien kommt auf eine

WM-Final-Siegquote von 67 Prozent (4/6), Argentinien (3/6) und Deutschland (4/8) kommen auf einen Wert von 50 Prozent.

Deutschland hat auch am häufigsten das »kleine« Finale um Platz drei bestritten (fünfmal) und belegte am häufigsten in der WM-Historie den dritten Platz (viermal: 1934, 1970, 2006, 2010).

Brasilien hat an allen Weltmeisterschaften (22) teilgenommen. Dahinter folgt Deutschland (20), das nur 1930 und 1950 gefehlt hat.

Brasilien führt die »ewige WM-Tabelle« vor Deutschland an. Argentinien, Italien, Frankreich, England, Spanien und die Niederlande folgen auf den Plätzen drei bis acht. Die Top Acht haben – nach Drei-Punkte-Regel berechnet und Spiele, die ins Elfmeterschießen gingen, mit einem Remis gewertet – in der WM-Geschichte jeweils bereits über 100 Punkte gesammelt.

Die Top Acht der »ewigen WM-Tabelle« vor der WM 2026

Rang	Mannschaft	WM-Starts	Spiele	S	U	N	Tore	Punkte
1.	Brasilien	22	114	76	19	19	237 : 108	247
2.	Deutschland	20	112	68	21	23	232 : 130	225
3.	Argentinien	18	88	47	17	24	150 : 101	158
4.	Italien	18	83	45	21	17	128 : 77	156
5.	Frankreich	16	73	39	14	20	136 : 85	131
6.	England	16	73	32	22	19	103 : 66	118
7.	Spanien	16	67	31	17	19	108 : 75	110
8.	Niederlande	11	55	30	14	11	96 : 52	104

Erst zweimal konnte ein Weltmeister seinen Titel verteidigen. Italien wurde nach 1934 vier Jahre später 1938 Weltmeister und Brasilien nach 1958 auch 1962.

Deutschland in der Rolle des WM-Titelverteidigers tat sich dagegen schwer:

⚽ 1958 kam das DFB-Team noch ins Halbfinale (1 : 3 vs. Schweden).

⚽ 1978 schied es in der Zwischenrunde aus. Verglichen mit dem aktuellen Turniermodus ist das in etwa das Viertelfinale.

⚽ Auch 1994 war im Viertelfinale Endstation (1 : 2 vs. Bulgarien).

⚽ Bei der WM 2018 folgte das Aus in der Gruppenphase.

DIE »EWIGE EM-TABELLE«

Ein Blick auf die EM-Turniere: Deutschland und Spanien teilen sich den Titel Rekordeuropameister. Deutschland holte den EM-Pokal 1972, 1980 und 1996. Spanien siegte 1964, 2008 und 2012.

Übersicht Rekordeuropameister

Nationalmannschaft	EM-Titel	Jahr(e)
Deutschland	3	1972, 1980, 1996
Spanien	3	1964, 2008, 2012
Frankreich	2	1984, 2000
Italien	2	1968, 2020 (bzw. 2021)
Portugal	1	2016
Dänemark	1	1992
Griechenland	1	2004
Niederlande	1	1988
ehemalige Tschechoslowakei	1	1976
ehemalige Sowjetunion	1	1960

Rekordfinalteilnehmer ist wiederum Deutschland. Sechsmal stand die deutsche Auswahl in einem Finale, die Endspiele 1976 mit Sieger Tschechoslowakei, 1992 mit Gewinner Dänemark und 2008 mit Europameister Spanien gingen allerdings verloren.

Nach 1988 richtet Deutschland 2024 zum zweiten Mal eine EM aus. Frankreich war bereits dreimal EM-Gastgeber (1960, 1984, 2016), Italien hat das Turnier zweimal organisiert (1968,

1980) und wird es 2032 gemeinsam mit der Türkei erneut ausrichten. England kommt nach dem Turnier 1996 auf seine zweite Austragung im Jahr 2028 gemeinsam mit Irland. Ebenfalls zweimal die EM ausgetragen hat Belgien: im Jahr 1972 allein, im Jahr 2000 gemeinsam mit den Niederlanden.

Zu beachten gilt: Bis 1976 bestand das Finalturnier aus vier Mannschaften, die das Halbfinale, das Spiel um Platz drei und das Endspiel bestritten.

Zwischen 1980 und 1992 nahmen acht Teams teil, die in zwei Vierergruppen aufgeteilt wurden.

Zwischen 1996 und 2016 starteten 16 Teams bei einer EM in vier Vorrundengruppen.

Ab 2016 wurde auf 24 Mannschaften aufgestockt, die in zunächst sechs Vierergruppen starten. Die K.-o.-Phase beginnt mit dem Achtelfinale.

Am häufigsten bei einer EM teilgenommen hat Deutschland, vor der EM 2024 waren es 13 Starts. Kurios: An den ersten zwei EMs nahm Deutschland freiwillig nicht teil, für das dritte Turnier 1968 verpatzte das DFB-Team sportlich die Qualifikation. Seitdem aber ist Deutschland bei jeder Europameisterschaft vertreten.

Deutschland belegt in der »ewigen EM-Tabelle« Platz eins, hat die meisten Spiele (53) bestritten, die meisten EM-Siege (27) eingefahren und die meisten Tore (78) erzielt. Italien, Spanien, Frankreich, die Niederlande, Portugal und England folgen auf den Plätzen zwei bis sieben.

Die Top Sieben der »ewigen EM-Tabelle« vor der EM 2024

Rang	Mannschaft	EM-Starts	Spiele	S	U	N	Tore	Punkte
1.	Deutschland	13	53	27	13	13	78 : 55	94
2.	Italien	10	45	21	18	6	52 : 31	81
3.	Spanien	11	46	21	15	10	68 : 42	78
4.	Frankreich	10	43	21	12	10	69 : 50	75
5.	Niederlande	10	39	20	8	11	65 : 41	68
6.	Portugal	8	39	19	10	10	56 : 38	67
7.	England	10	38	15	13	10	51 : 37	58

Ein Sieg bedeutet drei Punkte; Spiele, die im Elfmeterschießen enden, werden als Remis gewertet.

»UND DRIN ISSER«: KEINE NATIONALELF TRIFFT BESSER VOM PUNKT ALS DAS TEAM MIT DEM ADLER AUF DER BRUST

Bei Welt- und Europameisterschaften zählt die deutsche Nationalmannschaft zu den stärksten Teams, wenn es zum Elfmeterschießen kommt. In sechs von sieben Duellen hat sich das DFB-Team durchgesetzt. Dabei begann alles mit einem Trauma. Bei Europameisterschaften wurde das Elfmeterschießen zum Turnier im Jahr 1976 eingeführt – und prompt kam es im Finale zum Shootout. Deutschland unterlag der damaligen

Tschechoslowakei vor allem deshalb im Gesamtscore mit 5:7, weil Uli Hoeneß seinen Elfmeter deutlich über das Tor schoss, während Antonín Panenka danach den Ball cool über Torwart Sepp Maier lupfte. Doch im Anschluss ließen deutsche Nationalmannschaften vom Punkt aus nichts mehr anbrennen. Die Übersicht:

⚽ Im WM-Halbfinale 1982 siegte Deutschland im Elfmeter-schießen mit 5:4 gegen Frankreich.

⚽ Im WM-Viertelfinale 1986 gewann das DFB-Team gegen Mexiko mit 4:1 im Elfmeterschießen.

⚽ Im WM-Halbfinale 1990 bezwang Deutschland Erzrivale England mit 4:3 im Elfmeterschießen und zog ins Finale ein.

⚽ Im EM-Halbfinale 1996 besiegte Deutschland erneut England. Im Londoner Wembley-Stadion setzte sich das DFB-Team mit 6:5 im Elfmeterschießen durch.

⚽ Im WM-Viertelfinale 2006 folgte der nächste Erfolg der deutschen Nationalmannschaft im Elfmeterschießen: Es gab bei der Heim-WM ein viel umjubeltes 4:2 im Shootout gegen Argentinien.

⚽ Im EM-Viertelfinale 2016 setzte sich Deutschland mit 6:5 im Elfmeterschießen gegen Italien durch.

Beeindruckende Fakten: Insgesamt 37-mal trat ein Schütze des DFB-Teams beim Elfmeterschießen bei einer EM oder WM an, 32 dieser 37 Elfmeter wurden verwandelt, eine starke Quote von 86,5 Prozent. Einzig Uli Hoeneß (EM 1976), Uli Stielike (WM

1982) sowie das Trio Thomas Müller, Mesut Özil und Bastian Schweinsteiger (EM 2016) vergaben vom Punkt.

Zwischen den Turnierjahren 1986 und 2006 besitzt das deutsche Team sogar eine makellose Bilanz beim Elfmeterschießen: In diesem Zeitraum wurden 18 von 18 Elfmetern verwandelt!

Einschränkend lässt sich anfügen, dass England, Italien und Frankreich als schwache Teams bei Elfmeterschießen gelten. Womöglich hat Deutschland demnach auch etwas Spielglück bei seinen Gegnern im Elfmeterschießen besessen. Die aktuelle Bilanz bleibt dennoch sehr gut.

Die erfolgreichsten Teams beim Elfmeterschießen während einer EM

Platz*	Nation	Anzahl	Siege	Niederlagen	Siegquote
1.	Tschechische Republik**	3	3	0	100 %
2.	Türkei	1	1	0	100 %
3.	Spanien	6	4	2	67 %
4.	Deutschland	3	2	1	67 %
4.	Portugal	3	2	1	67 %
6.	Italien	7	4	3	57 %
7.	Polen	2	1	1	50 %
7.	Dänemark	2	1	1	50 %
9.	Frankreich	3	1	2	33 %
9.	Schweiz	3	1	2	33 %
11.	Niederlande	4	1	3	25 %

12.	England	5	1	4	20 %
13.	Schweden	1	0	1	0 %
13.	Kroatien	1	0	1	0 %

* Bei gleicher Siegquote entscheidet die höhere Anzahl der Siege über die bessere Platzierung eines Teams in diesem Ranking.

** Die Tschechische Republik holte zwei ihrer Siege vor 1990, damals war es die Tschechoslowakei.

Die erfolgreichsten Teams beim Elfmeter-schießen während einer WM

Platz*	Nation	Anzahl	Siege	Niederlagen	Siegquote
1.	Deutschland	4	4	0	100 %
1.	Kroatien	4	4	0	100 %
3.	Argentinien	7	6	1	86 %
4.	Brasilien	5	3	2	60 %
5.	Frankreich	5	2	3	40 %
6.	England	4	1	3	25 %
6.	Italien	4	1	3	25 %
6.	Niederlande	4	1	3	25 %
9.	Spanien	5	1	4	20 %

* In das Ranking wurden nur Teams aufgenommen, die mindestens an drei Elfmeterschießen in der Geschichte der WM teilgenommen haben. Bei gleicher Siegquote entscheidet die höhere Anzahl der Siege über die bessere Platzierung eines Teams in diesem Ranking.

Die erfolgreichsten europäischen Teams beim Elfmeterschießen während eines Großturniers (EM UND WM)

Platz*	Nation	Anzahl	Siege	Niederlagen	Siegquote
1.	Deutschland	7	6	1	86 %
2.	Kroatien	5	4	1	80 %
3.	Portugal	4	3	1	75 %
4.	Spanien	11	5	6	46 %
4.	Italien	11	5	6	46 %
6.	Frankreich	8	3	5	37,5 %
7.	Niederlande	8	2	6	25 %
8.	Schweiz	4	1	3	25 %
9.	England	9	2	7	22 %

* In das Ranking wurden nur Teams aufgenommen, die insgesamt mindestens an vier Elfmeterschießen in der Historie von Welt- und Europameisterschaften teilgenommen haben. Bei gleicher Siegquote entscheidet die höhere Anzahl der Siege über die bessere Platzierung eines Teams in diesem Ranking.

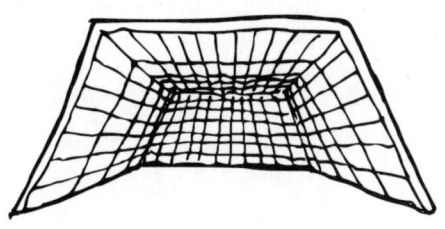

DEUTSCHLANDS KEEPER BEWEISEN GRÖSSE – ABER MÜSSEN SIE AUCH GROSS SEIN?

Nicht nur beim Elfmeterschießen kommt es in erster Linie auf einen guten Torwart an. Generell sei die Frage gestellt: Muss der Mann zwischen den Pfosten mindestens 1,90 Meter groß sein, um ein besonders erfolgreicher Keeper zu werden? Sogar bei Experten gehen die Meinungen bei diesem Thema auseinander. Die Fußballgeschichte besagt zumindest statistisch: Auf die Größe allein kommt es bei einem Torwart nicht an. Vielmehr dürfte das Gesamtpaket aus physischen Fähigkeiten wie Sprungkraft und Reflexen, strategischen Skills wie Antizipation des Spielgeschehens und Organisation der Vorderleute sowie mentaler Stärke zu einer gerechten Beurteilung eines Keepers führen.

Anbei ein Überblick über die erfolgreichsten Stammtorhüter der deutschen Nationalmannschaft, sortiert nach ihrer Körperlänge.

Die größten Stammtorhüter der deutschen Nationalmannschaft

Platz	Nationaltorwart	Körperlänge*	Erfolg
1.	Manuel Neuer	193 cm	WM-Titel 2014
1.	Jens Lehmann	193 cm	EM-Finale 2008
3.	Bodo Illgner	190 cm	WM-Titel 1990

4.	Oliver Kahn	188 cm	WM-Finale 2002
5.	Marc-André ter Stegen	187 cm	Stammtorhüter 2023
5.	Eike Immel	187 cm	EM-Halbfinale 1988
7.	Toni Schumacher	186 cm	EM-Titel 1980
8.	Sepp Maier	185 cm	WM-Titel 1974
9.	Andreas Köpke	182 cm	EM-Titel 1996
9.	Hans Tilkowski	182 cm	WM-Finale 1966
11.	Toni Turek	181 cm	WM-Titel 1954

*Manche Größenangaben variieren je nach Quelle, für dieses Buch wurde auf die im Regelfall geläufigsten Quellen wie *transfermarkt.de* und *wikipedia.de* zurückgegriffen.

Manuel Neuer, Weltmeister 2014, ist demnach nicht nur einer der erfolgreichsten Nationaltorhüter aller Zeiten, sondern auch der »Größte«. Unter den erfolgreichsten deutschen Stammtorhütern weist nur Jens Lehmann, Stammkeeper bei der WM 2006 (Halbfinale) und EM 2008 (Finale), ebenfalls eine Körperlänge von 1,93 Metern auf.

Andererseits gibt es einige Nationalkeeper, die rund 10 Zentimeter kleiner sind als Neuer. Natürlich muss man die 1950er- und 1960er-Jahre anders bewerten, schließlich wuchs diese Spielergeneration mit Ernährungsmangel im Krieg auf, und die Auswahlsysteme und das Training waren längst noch nicht annähernd so professionell wie ab den 1980er-Jahren.

Es dürfte daher nicht verwunderlich sein, dass 1954er-Weltmeister Toni Turek mit 1,81 Metern der kleinste Torhüter unter den erfolgreichen Nationalkeepern der Nachkriegsgeschichte ist.

Dass aber sogar Andreas Köpke beim EM-Triumph 1996 »nur« 1,82 Meter groß war, zeigt: Es kommt beim Torhüter selbstverständlich nicht nur auf die Körperlänge an.

DIE LIEBLINGS- UND ANGSTGEGNER DER DEUTSCHEN NATIONALMANNSCHAFT

In ihren mehr als 1000 Länderspielen ist die deutsche Nationalmannschaft auf 92 unterschiedliche Nationen getroffen. Innerhalb Europas haben nur Schweden (100) und Norwegen (95) in ihrer Geschichte gegen mehr verschiedene Gegner gespielt. Unter den derzeit 54 gegnerischen Mitgliedsverbänden der UEFA fehlen dem DFB-Team nur drei in der Liste ihrer Kontrahenten: Länderspiele gegen Andorra, Kosovo und Montenegro hat die deutsche Nationalelf der Männer bisher nicht bestritten.

Prozentual hat der DFB damit gegen mehr Gegner aus dem südamerikanischen Kontinentalverband CONMEBOL gespielt, wobei sich das ganz einfach erklären lässt: Dem gehören auch nur zehn Teams an. Als einzige Ausnahme fehlt Venezuela in der DFB-Gegnerliste. Aus den übrigen Kontinentalverbänden hat Deutschland deutlich weniger Gegner zu Freundschafts- oder Pflichtspielen getroffen.

Zum Beispiel hat der DFB erst gegen 9 der aktuell 54 Mitgliedsverbände des afrikanischen CAF gespielt, gegen 10 von 47 Teams aus dem asiatischen AFC und sogar nur gegen einen einzigen Vertreter des ozeanischen OFC (Neuseeland; Australien ist 2006 nach Asien gewechselt). Dem gegenüber stehen acht Gegner, die es gar nicht mehr gibt: Die Teams von Böhmen und Mähren, der DDR, der Sowjetunion sowie ihrer Nachfolgeorganisation GUS, von Jugoslawien, des eigenständigen Saarlands, von Serbien und Montenegro sowie der Tschechoslowakei haben allesamt einen Platz in den Annalen des DFB.

Die meisten Partien hat Deutschland dabei naturgemäß gegen andere europäische Nationen ausgetragen. Allein auf die Nachbarländer Schweiz, die Niederlande und Österreich entfallen über 13 Prozent aller Länderspiele, die der DFB mit seinen Männern jemals bestritten hat. Danach folgen England, Italien, Schweden und Ungarn als häufigste Gegner.

Rang	Nation	Spiele gegen Deutschland
1.	Schweiz	53
2.	Niederlande	45
3.	Österreich	41
4.	England	39
5.	Italien	37
6.	Schweden	37
7.	Ungarn	37

Auf 12 der 92 Gegner ist der DFB seit seinem Bestehen nur ein einziges Mal getroffen.

Ägypten	Böhmen und Mähren	Bolivien
DDR	Elfenbeinküste	Sowjetunion und GUS-Staaten
Kuwait	Neuseeland	Nigeria
Serbien und Montenegro	Slowenien	Thailand

Gegen 28 seiner 92 Gegner weist der DFB eine 100-prozentige Siegquote auf.

Armenien	Aserbaidschan	Bolivien	Costa Rica
Ecuador	Estland	Färöerinseln	Georgien
Gibraltar	Iran	Israel	Kanada
Kasachstan	Kuwait	Liechtenstein	Marokko
Moldau	Neuseeland	Nigeria	Oman
Peru	San Marino	Saarland	Saudi-Arabien
Serbien und Montenegro	Slowenien	Thailand	VAE

Gegen diese 28 Teams hat Deutschland allerdings maximal sechs Spiele bestritten (Aserbaidschan und Liechtenstein). Die besten Siegquoten gegen Nationalmannschaften, auf die der DFB wenigstens zehnmal getroffen ist, bestehen gegen Albanien (92,9 %), Luxemburg (92,3 %), Belgien (76,9 %) sowie Bulgarien, die Slowakei und Uruguay (je 72,7 %).

Die beste Siegquote gegen eine gemeinhin als Fußball-Topnation anerkannte Nationalmannschaft weist Deutschland gegen den Europameister von 2016, Portugal, auf. Gegen übrige Großmächte des internationalen Fußballs sieht die Bilanz größtenteils wesentlich schwächer aus.

Gegner	Anzahl Spiele	Siege	Remis	Niederlagen	Siegquote
Brasilien	23	5	5	13	21,70 %
Italien	38	10	12	15	27,00 %
Frankreich	33	10	8	15	33,33 %
Spanien	26	9	9	8	34,60 %
Argentinien	23	7	6	10	34,80 %
Niederlande	45	16	17	12	35,60 %
England	39	13	9	17	38,50 %
Portugal	19	11	5	3	57,90 %

Eine 100-prozentige Siegquote gegen Deutschland haben nur Ägypten und die DDR, die jeweils aber auch nur einmal auf das DFB-Team getroffen sind. Ungeschlagen ist zudem die Elfenbeinküste geblieben, auch hier gab es jedoch nur eine Partie.

Gemessen an der Anzahl der Siege ist die Schweiz der Lieblingsgegner der DFB-Auswahl, nach 36 Duellen mit den Eidgenossen jubelte Deutschland. Dahinter folgen Österreich mit 25 und Belgien mit 20 deutschen Siegen. Die meisten Niederlagen setzte es gegen England, Italien und Frankreich.

DER KAMPF UMS PRESTIGE – DIE GRÖSSTEN RIVALEN DES DFB-TEAMS

In den über 1000 Länderspielen der deutschen Nationalmannschaft haben sich einige Rivalitäten entwickelt. In den meisten Fällen sind sie erst mit der Zeit entstanden. Als der internationale Fußball noch in den Kinderschuhen steckte, waren seine Pioniere über Landesgrenzen hinaus Brüder im Geiste. Große sportliche Rivalität gab es in den ersten Jahren der Vergleichsspiele sicher auch deshalb nicht, weil es kaum sportliche Wettbewerbe gab, in denen man konkurrierte. Fußball war zwar ab 1908 eine Disziplin bei den Olympischen Spielen, vergleichbar mit modernen Großereignissen waren die entsprechenden Turniere aber keineswegs.

Die Einführung der Weltmeisterschaften im Jahr 1930 hat dem internationalen Fußball echten Wettbewerbscharakter gegeben, wobei die erste Endrunde in Uruguay noch ein reines Meldeturnier war: Eine Qualifikation gab es nicht, aus Europa nahmen nur vier Nationen die dreiwöchige Schiffsreise nach Südamerika auf sich. Deutschland verzichtete ebenso wie Italien und Österreich auf eine Teilnahme, während England zu dieser Zeit nicht einmal der FIFA angehörte.

Die großen Rivalitäten des europäischen Fußballs haben sich erst nach dem 2. Weltkrieg entwickelt und sind mit diesem durchaus eng verbunden. Nationale Ressentiments sind ein zumindest unterschwelliger Faktor bei Spielen ehemals verfeindeter Nationen; dies wird nicht zuletzt bei Beteiligung der DFB-Auswahl deutlich.

Ein anderer Faktor für Rivalitäten liegt im sportlichen Bereich und ist vor allem im Vergleich mit außereuropäischen Nationen von Relevanz: Deutschland ist bei großen Turnieren beispielsweise so oft auf Argentinien getroffen, dass sich zwischen den Teams ein beinahe natürlicher Konkurrenzkampf entwickelt hat.

Über die Jahre haben sich dabei fünf Rivalitäten als besonders intensiv erwiesen

England

England gilt als Mutterland des Fußballs und war bereits in den frühesten Jahren der deutschen Nationalmannschaft ein sehr beliebter Gegner für Freundschaftsspiele. Durch die Gegnerschaft der beiden Nationen in den Weltkriegen haben die Duelle später auch eine politische Dimension erhalten. Während die Verbände Vergleichsspiele als Akt der Völkerverständigung wähnen, ist insbesondere unter englischen Fußballfans ein gewisses nationales Ressentiment gegenüber der DFB-Auswahl bis heute erkennbar, wenn zum Beispiel in Anlehnung auf den Luftkrieg über England der Schlachtruf »Ten German Bombers« angestimmt wird, der von der UEFA und dem englischen Verband FA missbilligt wird.

Auf sportlicher Ebene ist die Rivalität vorrangig durch das Finale der Weltmeisterschaft 1966 in England angefacht worden. Die gastgebenden *Three Lions* setzten sich unter kuriosen Umständen gegen Deutschland durch: Weltberühmt ist das sogenannte Wembley-Tor von Geoff Hurst in der Verlängerung, als der Schuss des Stürmers von West Ham United von der Unterkante der Latte vor die Linie sprang, vom sowjetischen Linienrichter Tofiq Bəhramov aber anerkannt wurde. Kaum bekannt ist hingegen, dass auch der Treffer von Hurst zum Endstand von 4 : 2 irregulär war, weil sich unmittelbar vor Abpfiff bereits zahlreiche englische Zuschauer auf den Platz begeben hatten.

Bis heute ist es der einzige Titel der großen Fußballnation England geblieben, Deutschland hat sich bereits mehrfach revanchieren können: 1990 schaltete der DFB die Engländer im Halbfinale der WM in Italien im Elfmeterschießen aus, 2010 im Achtelfinale in Südafrika. Die süßeste Rache gab es 1996 an dem Ort, wo 30 Jahre zuvor das WM-Finale verloren ging: Bei der EURO in England gewann das DFB-Team im Halbfinale erneut nach Elfmeterschießen, wenige Tage später folgte der Titelgewinn gegen Tschechien.

Niederlande

Auch bei Duellen mit den Niederlanden spielte der 2. Weltkrieg lange eine Rolle, da das Deutsche Reich als Besatzungsmacht Gräueltaten an der niederländischen Zivilbevölkerung zu verantworten hatte. Die sportliche Rivalität hat sich vornehmlich ab 1974 gebildet. Seinerzeit spielte eine »Goldene Generation« für Oranje, die sich um Weltstar Johan Cruyff versammelte. Die Niederlande spielten bei der WM in Deutschland sicherlich den schönsten Fußball, scheiterten im Endspiel aber an den cleveren

Gastgebern: Bernd Hölzenbein holte bei einem 0:1-Rückstand einen wenigstens zweifelhaften Strafstoß heraus, den Paul Breitner verwandelte; kurz vor der Halbzeit schoss Gerd Müller in unnachahmlicher Manier den Siegtreffer für die Heimmannschaft.

In den folgenden Jahren befanden sich die Nachbarländer bei Turnieren immer wieder auf Kollisionskurs, zumeist hat dabei Deutschland die Oberhand behalten. Regelrecht hässlich wurde das Achtelfinale der WM 1990, bei dem es zu einer legendären Spuck-Attacke von Frank Rijkaard auf Rudi Völler kam. Der DFB-Stürmer schaute reichlich perplex, als er vom argentinischen Schiedsrichter ebenso mit der Roten Karte vom Platz gestellt wurde wie Rijkaard, der seither den Spitznamen »Lama« weg hat. Am Ende lachte Deutschland dank des 2:1-Erfolgs auf dem Weg zum Titel in Rom.

Zwei Jahre zuvor hatten die Niederlande bei der EURO in Deutschland ihren großen Sieg über den DFB gelandet, im Halbfinale im Hamburger Volksparkstadion schockte Sturmlegende Marco van Basten die Heimfans kurz vor Schluss mit dem Siegtreffer. Anschließend sorgte Ronald Koeman für Aufsehen, indem er sich mit einem deutschen Trikot symbolisch den Allerwertesten abwischte. Im Endspiel setzte sich Oranje gegen die Sowjetunion durch und feierte ausgerechnet auf deutschem Boden ihren bisher einzigen Erfolg bei einer Großveranstaltung im Fußball.

Ganz große Spiele zwischen den beiden Rivalen hat es in der jüngeren Vergangenheit kaum noch gegeben, unter deutschen Fans bleiben die Niederlande dennoch einer der beliebtesten

Gegner. Unvergessen ist, als im Jahr 2002 die Schadenfreude durch deutsche Stadien wehte, als der Nachbar die WM-Endrunde in Japan und Südkorea verpasste. Mit »Ohne Holland fahr'n wir zur WM« war ein Fußball-Hit geschaffen.

Italien

Die Rivalität zwischen Deutschland und Italien hat vorwiegend sportliche Hintergründe. Über viele Jahre war die *Squadra Azzurra* ein Angstgegner des DFB bei Großereignissen. 1970 scheiterte man im sogenannten Jahrhundertspiel im Halbfinale der WM von Mexiko an den Italienern, die zwölf Jahre später bei der Endrunde in Spanien im Finale 3 : 1 gegen Deutschland gewannen.

Besonders schmerzhaft war der italienische Sieg im WM-Halbfinale 2006 in Dortmund, als ganz Deutschland von einem Titelgewinn im eigenen Land träumte. Spät in der Verlängerung deutete alles auf eine Nervenentscheidung im Elfmeterschießen hin, dann versetzten Fabio Grosso und Alessandro Del Piero mit ihren Toren den deutschen Fans einen Schlag in die Magengrube.

Erst 2016 konnten die DFB-Männer ihren ersten Sieg bei einem Turnier gegen Italien feiern, bei der EURO in Frankreich lieferten sich die Teams ein Mammut-Elfmeterschießen. Als neunter Schütze beendete Linksverteidiger Jonas Hector vom 1. FC Köln das deutsche Italientrauma und schoss sein Team ins Halbfinale.

Die Rivalität mit Italien ist besonders unter deutschen Fußballfans groß, die den vermeintlich destruktiven Fußball der
Südeuropäer ablehnen und italienischen Spielern sämtliche
Tricks am Rande der Legalität oder darüber hinaus zutrauen. Auf
deutschen Tribünen hat das Wort »Schwalbenkönig« Hoch-
konjunktur, wenn es gegen Italien geht.

Frankreich

Fußballspiele gegen Frankreich dienten nach dem 2. Weltkrieg
zunächst einmal der Völkerverständigung. Die einstigen Erz-
feinde sind durch die europäische Integration zu Freunden geworden, auch auf fußballerischer Ebene. Jedenfalls sind sich die
Teams bis 1982 nur ein einziges Mal in einem Pflichtspiel be-
gegnet: Bei der WM 1958 in Schweden holten die *Bleus* gegen
Deutschland den dritten Platz.

Eine größere Rivalität ist hauptsächlich durch das WM-Halbfinale 1982 entstanden. In der Verlängerung schossen die Franzosen eine Zwei-Tore-Führung heraus, der DFB konterte und
zwang die Partie ins Elfmeterschießen. Dort hielt Toni Schumacher im deutschen Kasten gegen Didier Six und Maxime Bossis
die entscheidenden Versuche. Das Problem: Der Schlussmann
hätte längst nicht mehr auf dem Platz stehen dürfen.

Schumacher hatte den eingewechselten Franzosen Patrick
Battiston bei einem Steilpass derart rüde attackiert, dass Battiston zeitweise ohnmächtig war, eine Gehirnerschütterung erlitt,
zwei Zähne verlor und sich an diversen Wirbeln verletzte. Die

Szene gilt als brutalstes Foul der deutschen Fuß-
ballgeschichte, Schiedsrichter Charles Corver
aus den Niederlanden zeigte Schumacher un-
erklärlicherweise nicht einmal die Gelbe Karte.

Mit der Freundschaft zwischen den Fußballnationen Deutschland und Frankreich war es damit erst mal vorbei, die Partie ist
als »Nacht von Sevilla« in die Annalen eingegangen. Vier Jahre
später standen sich Battiston und Schumacher erneut im Halbfinale gegenüber, wieder war der DFB erfolgreich. Die erste
Pflichtspielniederlage gegen Frankreich erlitt Deutschland erst
2016 bei der EURO im Nachbarland, einmal mehr war es die
Vorschlussrunde.

Argentinien

Die größte sportliche Rivalität der deutschen Nationalmannschaft besteht wohl mit Argentinien. Gleich siebenmal haben
sich die beiden Teams bei WM-Endrunden auf Kollisionskurs
befunden, es ist einer der großen Klassiker der Weltmeisterschaften und die einzige Begegnung, die schon dreimal das Endspiel bedeutet hat.

Maßgeblich für die sportliche Feindschaft mit Argentinien
sind vor allen Dingen die Jahre 1986 und 1990. Erst setzten sich
die »Gauchos« in Mexiko mit 3:2 gegen den DFB die Krone auf,
dann konterte Deutschland in Italien. Die Südamerikaner hatten
in dieser Zeit mit Diego Maradona den schillerndsten Star der
Fußballwelt in ihren Reihen, da konnte kein deutscher Spieler

mithalten. Der größte Name beim DFB stand an der Seitenlinie: Teamchef Franz Beckenbauer setzte vor allem auf ein starkes Kollektiv, aus dem gerade 1990 Lothar Matthäus hervorstach.

Seit dem Turnier in Italien ist Deutschland eine Art Angstgegner von Argentinien bei Weltmeisterschaften geworden, 2006 und 2010 schaltete der DFB die Südamerikaner jeweils im Viertelfinale aus. Bei der Heim-WM 2006 setzte sich Deutschland dabei im Elfmeterschießen durch, nach dessen Ende es zu einer Rauferei auf dem Platz kam. Für seine Beteiligung daran wurde Mittelfeldmann Torsten Frings gesperrt, der so das Halbfinale gegen Italien verpasste.

2014 stieg in Brasilien das dritte WM-Endspiel zwischen den beiden Kontrahenten, zum dritten Mal entschied ein einziges Tor über den neuen Weltmeister. Mario Götze schoss den DFB in der Verlängerung zum vierten Titel. Für die Argentinier stand zu befürchten, dass Lionel Messi als vielleicht bester Spieler aller Zeiten ohne die ganz große Krönung bleiben würde; die Sorge erledigte sich erst 2022 in Katar.

SEKT ODER SELTERS – DIE BESTEN UND DIE SCHWÄCHSTEN SERIEN DER DFB-ELF

In über 115 Jahren Länderspielgeschichte hat sich das deutsche Nationalteam naturgemäß oftmals als Serientäter erwiesen. Hier eine Auswahl der markantesten positiven und negativen Serien der DFB-Historie.

Die längste Siegesserie: 12 Spiele

Von	Bis	Bundestrainer
02.05.1979	14.06.1980	Jupp Derwall

Beginnend mit einem 2:0 gegen Wales eilte die Nationalmannschaft unter Derwall von Sieg zu Sieg. Die Serie riss erst beim letzten Spiel in der Zwischenrunde der EURO 1980 in Italien, das für den DFB keine Bedeutung mehr hatte: Die Mannschaft stand bereits als Finalteilnehmer fest und verzichtete daher auf einige vorbelastete Spieler, die für das Endspiel hätten gesperrt werden können.

Die längste ungeschlagene Serie: 23 Spiele

Von	Bis	Bundestrainer
11.10.1978	03.12.1980	Jupp Derwall

Die Siegesserie ist Teil der besten Serie ohne eine Niederlage der DFB-Geschichte. Sie stellt gleichzeitig die ersten 23 Spiele unter Bundestrainer Derwall dar. Gerissen ist sie am 1. Januar 1981 bei einem einmalig ausgespielten Turnier in Uruguay. Die »Kleine WM« unter den bisherigen Weltmeistern sollte an die erste End-runde im Jahr 1930 erinnern. Deutschland verlor dabei den Gruppenauftakt gegen Argentinien.

Die längste Niederlagenserie: 7 Spiele

Von	Bis	Bundestrainer
03.07.1912	23.11.1913	keiner

Der längste Negativlauf in der Geschichte des DFB begann bei den Olympischen Spielen in Stockholm gegen Ungarn, zog sich anschließend über sechs Vergleichsspiele bis Ende 1913. Dieses Jahr ging damit auch als einziges in die Annalen ein, in dem Deutschland ausschließlich Niederlagen kassierte. Erst im letz-ten Spiel vor dem 1. Weltkrieg im April 1914 gelang ein 4:4 in Amsterdam.

Die längste sieglose Serie: 10 Spiele

Von	Bis	Bundestrainer
03.07.1912	26.09.1920	keiner

Den ersten Sieg seit einem 16:0 gegen Russland bei Olympia in Stockholm, der zeitgleich bis heute der höchste Erfolg der DFB-Auswahl geblieben ist, gab es erst zwei Jahre nach Beendigung des 1. Weltkriegs. Gegen Ungarn gelang in Berlin im Oktober 1920 ein knapper 1:0-Erfolg.

Die längste Serie mit einem Tor: 33 Spiele

Von	Bis	Bundestrainer
17.11.1940	28.12.1952	Sepp Herberger

Während der ersten Jahre des 2. Weltkriegs wurde im Deutschen Reich weiter Fußball gespielt. In diese Zeit fällt der Beginn des gemessen an Toren besten Laufs der Nationalmannschaft. Nach einem 1:0 gegen Dänemark in Hamburg sollten über zwölf Jahre, kriegsbedingt allerdings nur 32 weitere Spiele ins Land ziehen, bis Deutschland einmal leer ausgehen sollte. Das war im März 1953 gegen Österreich der Fall.

Die längste Serie ohne ein Tor: 3 Spiele

Von	Bis	Bundestrainer
12.06.1985	28.08.1985	Franz Beckenbauer

Im Schnitt hat die DFB-Auswahl in ihren über 1000 Länderspielen etwa 2,25 Treffer erzielt. Die längste Durststrecke erlebte sie im Sommer 1985. Zur Vor-

bereitung auf die WM ein Jahr später reiste das Team von Franz Beckenbauer nach Mexiko, verlor dort gegen England und die Gastgeber. Im August folgte ein Test in Moskau gegen die Sowjetunion, der ebenfalls ohne deutsches Tor blieb.

Die längste Serie mit einem Gegentor: 15 Spiele

Von	Bis	Bundestrainer
03.04.1910	29.06.1912	Keiner

Durchschnittlich kassiert Deutschland pro Länderspiel nach über 1000 Einsätzen etwa 1,1 Tore. Zu-null-Spiele hatten dabei gerade zu Beginn des noch jungen DFB absoluten Seltenheitswert. In den ersten 21 Partien gelang dieses Kunststück nur einmal, bei einem 1:0 gegen die Schweiz in Karlsruhe. Es folgten bis zum 16:0 gegen Russland bei Olympia in Stockholm 15 Partien mit stets mindestens einem Gegentor.

Die längste Serie ohne Gegentor: 7 Spiele

Von	Bis	Bundestrainer
31.08.2016	22.03.2017	Joachim Löw

Regelrecht unüberwindbar war Deutschland in der Zeit nach der EURO 2016 in Frankreich. Beginnend mit einem 2:0 in Finnland blieb die DFB-Elf siebenmal in Folge ohne Gegentreffer, schlug dabei unter anderem England beim Abschiedsspiel von Lukas Podolski in Dortmund. Insgesamt hielten die deutschen Torhüter ihren Kasten für 679 Minuten sauber, bis Dimitrij Nazarov für Aserbaidschan traf.

DIE TURNIERSPEZIALISTEN DES DFB

Turniere sind im internationalen Fußball das sprichwörtliche Salz in der Suppe. Nur alle zwei Jahre finden Großereignisse statt, die die Aufmerksamkeit der Welt auf sich ziehen. In den Karrieren der Nationalspieler machen sie oftmals eine klare Minderheit aus. Mit Qualifikations-, Test- und Vorbereitungsspielen kann vor einer Endrunde schnell das Vielfache an Spielen zusammenkommen, das die Kicker dort letztlich miterleben. Umso wichtiger ist es, seine Gelegenheiten gut zu nutzen. In der deutschen Nationalmannschaft hat es dabei schon immer Turnierspezialisten gegeben, aber auch Spieler, die zwischen den Großereignissen Sternstunden erlebten, dabei aber in den Hintergrund rückten.

Beim Blick auf die Toptorschützen der Nationalmannschaft wird deutlich, dass Jürgen Klinsmann unter den historischen Goalgettern des DFB derjenige war, der sich seine Tore am besten für die wichtigen Momente aufgehoben hat. Dem gegenüber stehen Lukas Podolski, Michael Ballack und Oliver Bierhoff, die anteilig öfter bei Freundschaftsspielen oder in der Qualifikation zur EM und WM getroffen haben.

Spieler	Tore bei EM und WM	Tore insgesamt	Anteil
Miroslav Klose	19	71	26,80 %
Gerd Müller	18	68	26,50 %
Lukas Podolski	9	49	18,40 %
Jürgen Klinsmann	16	47	34,00 %
Rudi Völler	12	47	25,60 %
Thomas Müller	10	45 (noch aktiv)	22,20 %
Karl-Heinz Rummenigge	10	45	22,20 %
Uwe Seeler	9	43	21,00 %
Michael Ballack	6	42	14,30 %
Oliver Bierhoff	6	37	16,20 %

Der Vergleich der Rekordspieler lässt in dieser Hinsicht weniger eklatante Unterschiede aufkommen. Den Ausreißer nach oben stellt Bastian Schweinsteiger dar, der während seiner Karriere dafür bekannt war, das ein oder andere Freundschaftsspiel wegen kleinerer Blessuren abzusagen. Das andere Extrem stellt Podolski dar; der Eindruck eines Spezialisten für die Zeit zwischen Turnieren drängt sich damit weiter auf.

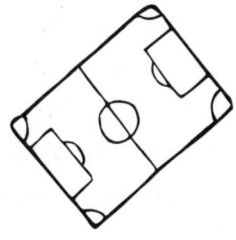

Spieler	Einsätze bei EM und WM	Einsätze insgesamt	Anteil
Lothar Matthäus	36	150	24,00 %
Miroslav Klose	37	137	27,00 %
Lukas Podolski	27	130	20,80 %
Thomas Müller	34	125 (noch aktiv)	27,20 %
Bastian Schweinsteiger	38	121	31,40 %
Manuel Neuer	34	117 (noch aktiv)	29,10 %
Philipp Lahm	34	113	30,10 %
Jürgen Klinsmann	30	108	27,80 %
Toni Kroos	28	106	26,40 %
Jürgen Kohler	23	105	21,90 %

»TRAINERFÜCHSE«
Einer gegen 80 Millionen Hobby-Übungsleiter

Es gibt das geflügelte Wort, in Deutschland lebten rund 80 Millionen Bundestrainer. Weil sich kaum jemand der Nationalmannschaft entziehen kann, hat zumindest jeder Fußballfan seine eigene Meinung, wie die DFB-Elf auftreten und wer für sie spielen soll. Der Posten des Bundestrainers gilt so als durchaus schwierig, weil er der wankelmütigen öffentlichen Meinung ausgesetzt ist.

Bemerkenswert ist dabei: In den ersten Jahren hatte die Nationalmannschaft gar keinen Trainer. Das war in der Pionierzeit des Vereinsfußballs in Deutschland keineswegs ungewöhnlich, für eine Landesauswahl brachte es natürlich ganz eigene Thematiken mit sich. So wurden für die ersten 58 Länderspiele der DFB-Auswahl die Kadernominierungen nicht strikt nach Leistung vergeben, sondern es galt eine Proporzregel zwischen den Landesverbänden als maßgeblich. Es standen also nicht die elf besten deutschen Spieler auf dem Platz, sondern die jeweils besten Spieler der regionalen Fußballorganisationen. Eine besondere Rolle kam den Kapitänen am Spieltag zu, die die jeweilige Taktik vorgeben durften. Die Aufstellung hatte bereits zuvor der Spielausschuss des DFB bestimmt, Wechsel während der Spiele waren zu dieser Zeit ohnehin nicht gestattet.

VON NERZ BIS NAGELSMANN:
DIE BUNDESTRAINER IM PORTRÄT

Erst im Oktober 1926 feierte der erste Bundestrainer, Otto Nerz, sein Debüt auf der Trainerbank, wobei er seinerzeit als Reichstrainer bezeichnet wurde. Insgesamt sind beim DFB inklusive des aktuellen Bundestrainers Julian Nagelsmann zwölf Männer damit beauftragt worden, die Geschicke der Nationalmannschaft zu leiten. Angesichts der fast 100 Jahre seit Beginn des Engagements von Nerz verrät diese Zahl viel über das Streben nach Kontinuität beim Verband. Deutschland gilt als einzige Topnation, bei der gleich vier Trainer mehr als 100 Spiele in der Verantwortung erlebt haben.

Die Bundestrainer im Kurzporträt.

Otto Nerz

Debüt	Spiele	Siege	Größter Erfolg
31.10.1926	75	44	Platz 3, WM 1934

Der Volksschullehrer und Mediziner aus Hechingen etablierte ab 1926 das Traineramt bei der Nationalmannschaft. Dabei war seine Rolle gerade anfänglich noch nicht vergleichbar mit der eines Bundestrainers, wie sie heute bekannt ist. Erst ab 1928 durfte Nerz mehr Verantwortung etwa für die Auswahl der Spieler übernehmen. Mit dem dritten Platz bei der WM 1934 in Italien sorgte er für den bis dato größten Erfolg der DFB-Auswahl. Nach dem schwachen Abschneiden bei den Olympischen Spielen von Berlin musste Nerz seinen Posten räumen, kam aber im Übergang zu Nachfolger Sepp Herberger noch zu einigen Spielen, die in der offiziellen DFB-Statistik ihm zugeordnet werden.

Josef »Sepp« Herberger

Debüt	Spiele	Siege	Größter Erfolg
13.09.1936	162	92	Weltmeister 1954

Über das offizielle Debüt von Herberger lässt sich streiten, da Nerz seine Entlassung nicht einfach so hinnahm und sich ein Machtkampf ergab. Der DFB führt inzwischen das 1 : 1 in Polen als Beginn der Ära Herberger. Der Mannheimer hatte in den 1920er-Jahren selbst drei Länderspiele absolviert, legte aber als Trainer eine wesentlich bedeutsamere Karriere hin. Die nahm vor allem nach dem 2. Weltkrieg Fahrt auf. Herberger baute die Nationalmannschaft ab 1950 maßgeblich wieder auf, setzte dabei über Jahre auf einen harten Kern um seinen Kapitän Fritz Walter. Der nannte Herberger »Chef« und beschrieb damit den Führungsstil des Trainers. Herberger galt als Fußballbesessener, der seine Mannschaft auf jeden Gegner ideal vorbereiten konnte und großen Wert auf Fitness legte. Das war auch der Grundstein für das »Wunder von Bern«, das nicht zuletzt auf einen Trick von Herberger zurückging: Bei einem Gruppenspiel gegen Ungarn schickte er eine B-Elf auf den Platz und wog den späteren Finalgegner so in Sicherheit. Nach dem Highlight des WM-Titels blieb Herberger zehn weitere Jahre Bundestrainer.

Helmut Schön

Debüt	Spiele	Siege	Größter Erfolg
04.11.1964	139	87	Weltmeister 1974

Der gebürtige Dresdner Schön brachte als Nachfolger von Herberger bereits große Erfahrung als Trainer mit. Der Posten hatte sich im Fußball zwischenzeitlich deutlich weiterentwickelt. Schön sammelte zuvor als Trainer der Auswahl der sowjetischen Besatzungszone (späteres DDR-Team) sowie des eigenständigen Saarlands Erfahrungen. Gleich bei seinem ersten Turnier führte der einstige Stürmer den DFB bis ins Endspiel der WM 1966 in England, anschließend verpasste Deutschland zum ersten und bisher einzigen Mal eine Qualifikation für ein Großereignis, die EM 1968 in Italien. Trotzdem blieb der Bundestrainer im Amt und dankte es mit einer Ära, die gemeinhin als beste Zeit der Nationalmannschaft gilt: Bei den WM- und EM-Endrunden von 1970, 1972, 1974 und 1976 erreichte Deutschland stets mindestens das Halbfinale, 1972 gewann Schön die EURO, zwei Jahre später die Heim-WM. Er ist damit der einzige Bundestrainer, der beide Titel gewinnen konnte. Nach dem Aus bei der WM 1978 gegen Österreich in der legendären »Schmach von Cordoba« trat Schön zurück. Diesen Schritt hatte er bereits vor dem Turnier angekündigt.

Josef »Jupp« Derwall

Debüt	Spiele	Siege	Größter Erfolg
11.10.1978	67	44	Europameister 1980

Zum Nachfolger von Schön erkor der DFB dessen langjährigen Co-Trainer Derwall. Der Würselener hatte 1954 nach dem WM-Gewinn zwei Länderspiele absolviert, war auch als Diplom-Sportlehrer bestens auf seinen neuen Posten vorbereitet. Gerade zu Beginn seiner Amtszeit konnte Derwall an die Erfolge unter Schön mehr als anknüpfen: Die ersten 23 Spiele blieb er ungeschlagen, in diese Zeit fällt der Titel bei der EURO 1980 in Rom gegen Belgien. Zwei Jahre später führte Derwall den DFB ins WM-Finale, das gegen Italien verloren ging. Nach der enttäuschenden EM 1984 in Frankreich trat der Bundestrainer nicht ganz freiwillig zurück. Der große öffentliche Druck zwang ihn geradezu in die Knie, Fußball war inzwischen längst auch zum Thema der nicht zimperlichen Boulevardpresse geworden, die Derwall bisweilen persönlich attackierte.

Franz Beckenbauer

Debüt	Spiele	Siege	Größter Erfolg
12.09.1984	66	34	Weltmeister 1990

Offiziell ist »Kaiser Franz« nie Bundestrainer gewesen. Weil der ehemalige Weltstar keine ausreichenden Lizenzen vorweisen konnte, griff der DFB zu einem Kniff: Beckenbauer fungierte als Teamchef, den Trainerposten bekleideten seine Assistenten Horst Köppel und Holger Osieck. Als absolute Lichtgestalt des deutschen Fußballs brachte die Öffentlichkeit Beckenbauer mehr Zutrauen entgegen als seinen eigentlich qualifizierteren Vorgängern. Das eher überraschende Erreichen des Finals der WM 1986 stärkte die Stellung des Trainers zusätzlich, der während des Turniers zudem gegenüber Ersatztorhüter Uli Stein eine harte Hand bewies und ihn wegen der Beleidigung als »Suppenkasper« (in Anspielung an einen Auftritt Beckenbauers in der Werbung für den Lebensmittelkonzern Knorr) suspendierte. 1988 scheiterte die DFB-Elf bei der Heim-EM knapp im Halbfinale an den Niederlanden, zwei Jahre später fuhr sie bei der WM in Italien einen Favoritensieg ein. Unvergessen ist, wie Beckenbauer nach dem Triumph gedankenverloren über den Rasen des Olympiastadions von Rom wanderte. Der DFB erteilte dem Weltmeister-Coach ehrenhalber die nötige Lizenz, Beckenbauer trat jedoch aus eigenen Stücken zurück. Bis heute ist er einer von nur drei Männern, die sowohl als Spieler als auch als Trainer Weltmeister wurden. Dieses Kunststück gelang außerdem Didier Deschamps mit Frankreich und Mario Zagallo mit Brasilien.

Hans-Hubert »Berti« Vogts

Debüt	Spiele	Siege	Größter Erfolg
29.08.1990	102	66	Europameister 1996

Zum Nachfolger Beckenbauers bestimmte der DFB dessen einstigen Teamkollegen der Weltmeister-Elf von 1974, Berti Vogts, der zudem als U21-Trainer und Mitglied im Trainerstab unter Beckenbauer wichtige Erfahrungen vorweisen konnte. Der trotz seiner geringen Körpergröße hervorragende Verteidiger (Spitzname »Terrier«), der seine gesamte Karriere bei Borussia Mönchengladbach verbracht hatte, moderierte nach der Wiedervereinigung Deutschlands die Integration von Spielern, die bis dato die DDR vertreten hatten. Nach der Vizeeuropameisterschaft 1992 gab es unter seiner Leitung bei der WM 1994 in den USA die Enttäuschung eines Viertelfinal-Ausscheidens gegen Underdog Bulgarien. Vogts spielte mit dem Gedanken des Rücktritts, machte später unter anderem den Zuspruch von Bundeskanzler Helmut Kohl für seinen Verbleib verantwortlich. Der zahlte sich mit dem EM-Titel 1996 in England aus. Bei der WM in Frankreich zwei Jahre später war die DFB-Elf über ihren Zenit hinaus und scheiterte im Viertelfinale an Kroatien. Vogts blieb noch bis September im Amt, trat jedoch nach enttäuschenden Spielen gegen Malta und Rumänien zurück.

Erich Ribbeck

Debüt	Spiele	Siege	Größter Erfolg
10.10.1998	24	10	--

Nach Vogts Rücktritt galt eigentlich Paul Breitner in einer Teamchef-Rolle als Favorit des DFB, ähnlich wie zuvor Beckenbauer.

Persönliche Querelen mit Präsident Egidius Braun verhinderten jedoch das Engagement des einstigen Weltmeisters.

Erich Ribbeck wurde zu einer Art Verlegenheitslösung und war wohl selbst überrascht von der Anfrage, immerhin hatte er seine Trainerkarriere zwei Jahre zuvor nach Entlassung bei Bayer Leverkusen mehr oder minder bereits als beendet betrachtet. Ribbeck formte als Teamchef beim DFB eine Doppelspitze mit Uli Stielike, sie steht stellvertretend für die schwächste Phase der Nationalmannschaft. Die Qualifikation zur EM 2000 in Belgien und den Niederlanden gelang mehr schlecht als recht, dort war nach der Gruppenphase Schluss. Im Team hatte sich eine Opposition gegen die Trainer gebildet, denen ein antiquiertes Fußballverständnis vorgeworfen wurde. Ribbeck trat von sich aus zurück, wäre ansonsten wohl beurlaubt worden. Im Nachhinein gilt das Scheitern bei der EURO 2000 als wichtiger Anstoß für Reformen im deutschen Fußball, die spätere Erfolge begünstigt haben.

Rudolf »Rudi« Völler

Debüt	Spiele	Siege	Größter Erfolg
16.08.2000	54	30	Vizeweltmeister 2002

Als Nachfolger Ribbecks wurde Völler nur als einjährige Interimslösung installiert. Der designierte nächste Bundestrainer Christoph Daum war noch an Bayer Leverkusen gebunden. Im Oktober 2000 trat der DFB jedoch von der Abmachung mit Daum zurück, als der wegen Kokainmissbrauchs bei der Werkself gefeuert wurde. Völler wurde nun dauerhaft im Amt bestätigt, wobei er lediglich Teamchef war und Michael Skibbe offiziell den Trainerposten ausübte. Dank seiner großen Beliebtheit aus aktiven Zeiten gelang es Völler, die Öffentlichkeit wieder stärker hinter das DFB-Team zu bringen. Dazu trug in erster Linie der überraschende Einzug ins WM-Finale gegen Brasilien 2002 bei, das mit 0:2 verloren ging. Völler führte Deutschland auch in die EURO 2004 nach Portugal, wo allerdings in der Gruppenphase Schluss war. Mit Blick auf einen Neuanfang für die Heim-WM 2006 trat der heutige Sportdirektor des DFB freiwillig zurück. Im September 2023 sprang er für ein Spiel nach der Entlassung von Hansi Flick noch einmal ein.

Jürgen Klinsmann

Debüt	Spiele	Siege	Größter Erfolg
18.08.2004	34	20	Platz 3, WM 2006

Für die Nachfolge Völlers stellte der DFB die bisher breiteste Suche nach einem Bundestrainer an. Als Favoriten galten Ottmar Hitzfeld und Otto Rehhagel, zudem waren erstmals auch ausländische Coaches im Gespräch. Die ins Leben gerufene »Trainerfindungskommission« landete letztlich nach einigen Absagen bei Neuling Klinsmann. Dessen Berufung wurde längst nicht nur positiv aufgenommen, da der Weltmeister von 1990 keine Trainererfahrung mitbrachte und seine Lizenz bei einem Sonderlehrgang für verdiente Nationalspieler erworben hatte.

Schnell aber erwies sich Klinsmann als Glücksgriff, der nötige Reformen im Verband vorantrieb. Unter seiner Führung entstand eine Aufbruchstimmung, die sich bei der WM im eigenen Land immer weiter hochschaukelte. Obwohl am Ende nur Platz drei stand, lag Fußballdeutschland Klinsmann zu Füßen und bettelte um seinen Verbleib zur EURO 2008 in Österreich und der Schweiz. Der Schwabe verzichtete jedoch auf eine Vertragsverlängerung, weil er sich »ausgebrannt« fühlte.

Joachim Löw

Debüt	Spiele	Siege	Größter Erfolg
16.08.2006	198	124	Weltmeister 2014

Um die positiven Entwicklungen unter Klinsmann fortzuführen, installierte der DFB dessen Co-Trainer Joachim Löw als Nachfolger. Bereits als Assistent von Klinsmann galt der frühere Profi des SC Freiburg als »taktisches Gehirn« der Nationalmannschaft, während der Bundestrainer vor allem als Motivator auftrat. Unter Löw entwickelte sich die DFB-Auswahl endgültig zurück in die Weltspitze, dies ließ sich auch an den Turnierergebnissen ablesen: 2008 erreichte Deutschland das EM-Finale (0 : 1 gegen Spanien), 2010 wurde man WM-Dritter, 2012 scheiterte die DFB-Elf im EM-Halbfinale an Italien. Bei der WM 2014 in Brasilien gelang Löw endlich der große Wurf: Deutschland gewann den ersten Weltmeistertitel im Fußball nach 24-jähriger Wartezeit. Anschließend führte der Bundestrainer das Team bei der

EM 2016 in Frankreich nochmals in die Vorschlussrunde. Hätte Löw seinen Posten zu diesem Zeitpunkt geräumt, wäre ihm der Status als bester Bundestrainer aller Zeiten kaum zu nehmen. Jedoch ließ er Enttäuschungen bei der WM 2018 in Russland (Vorrunden-Aus) und EM 2020 (Achtelfinale gegen England verloren) folgen. Zuvor kündigte der inzwischen zum Rekordtrainer des DFB gewordene Löw seinen Rücktritt an.

Hans-Dieter »Hansi« Flick

Debüt	Spiele	Siege	Größter Erfolg
02.09.2021	25	12	--

Zu Löws Nachfolger bestimmte der DFB dessen vormaligen Assistenten »Hansi« Flick, der zwischenzeitlich beim FC Bayern unter anderem zweimal deutscher Meister geworden war und die Champions League gewonnen hatte. Mit acht Siegen am Stück legte Flick einen Startrekord hin, die Negativentwicklungen der Spätphase unter Löw konnte er aber nicht nachhaltig bereinigen. Das Aus bei der WM in Katar nach Vorrundenspielen gegen Japan, Spanien und Costa Rica brachte bereits intensive Diskussionen über den Bundestrainer mit sich, der letztlich aber im Amt bleiben durfte. Mit der anschließenden Serie von vier Niederlagen aus sechs Spielen sah sich der Verband zum Handeln gezwungen, Flick wurde als erster Bundestrainer beurlaubt.

Julian Nagelsmann

Debüt	Spiele	Siege	Größter Erfolg
14.10.2023	Noch aktiv	Noch aktiv	Noch aktiv

Zwölf Tage nach Flicks Entlassung bestätigte der DFB die Anstellung von Nagelsmann. Der vormalige Bundesligatrainer der TSG Hoffenheim, von RB Leipzig und des FC Bayern unterschrieb einen Vertrag bis zur EURO 2024 im eigenen Land. Mit 36 Jahren wurde er bei seinem Debüt in den USA zum jüngsten Bundestrainer seit Otto Nerz, der 1926 erst 34 Lenze zählte.

MÜSSEN BUNDESTRAINER UND TEAMCHEF MIT DEM BALL UMGEHEN KÖNNEN?

Auf Klubebene ist es fast schon eine Glaubensfrage: Muss der Trainer eines Topteams zahlreiche Titel aus seiner Zeit als Profi vorweisen, um auch ein erfolgreicher Coach sein zu können? Über diese Frage lässt sich sicherlich trefflich streiten. Ein Blick nun auf die deutschen Nationaltrainer.

Otto Nerz, von 1926 bis 1936 der erste Bundestrainer (damals »Reichstrainer« genannt), war als Spieler in den 1910er-Jahren für den VfR Mannheim und in den 1920er-Jahren für Tennis Borussia Berlin aktiv. Nerz war Lehrer, absolvierte ein Studium zum Sportwissenschaftler und später auch zum Mediziner. Seine Leistung für den DFB lag in der strukturellen Aufbauarbeit der

Nationalmannschaft. Er selbst spielte zuvor nicht für Deutschland.

Sepp Herberger war ab 1932 Co-Trainer von Nerz, 1936 übernahm er erstmals das Cheftraineramt. Herberger führte Deutschland 1954 zum ersten WM-Titel. Als Stürmer hatte er in den 1920er-Jahren zu den besten Fußballern Deutschlands gezählt und war Nationalspieler.

Herberger-Nachfolger **Helmut Schön,** der Weltmeistertrainer von 1974, galt wiederum in den 1930er- und 1940er-Jahren als einer der besten Stürmer Deutschlands. Er war ebenfalls Nationalspieler und wurde zweimal deutscher Meister mit dem Dresdner SC.

Auf Helmut Schön folgte **Jupp Derwall** als Bundestrainer. Derwall gewann mit Deutschland den EM-Titel 1980. Auch als Spieler war seine Karriere beachtlich: Der Stürmer lief für Alemannia Aachen und Fortuna Düsseldorf in der Oberliga West auf. Die Oberliga war in den 1950er-Jahren die nach Regionen aufgeteilte 1. Liga. Dreimal gelangte Derwall zudem mit seinen Teams ins DFB-Pokalfinale, er gewann aber nie den Pott. Für das DFB-Team bestritt Derwall Ende 1954 zwei Länderspiele.

Ab Herbst 1984 übernahm **Franz Beckenbauer** die Nationalmannschaft und gewann 1990 den WM-Pokal. Beckenbauer besaß nicht mal eine Trainerlizenz, doch als der wohl beste und erfolgreichste deutsche Spieler aller Zeiten – unter anderem drei Landesmeistercup-Siege mit dem FC Bayern sowie Welt- und Europameister mit Deutschland in den Siebzigern – schaufelte der DFB Beckenbauer den Weg als »Teamchef« frei.

Nach der WM 1990 übergab Beckenbauer das Zepter an **Berti Vogts**. Dieser konnte 1996 mit Deutschland den Gewinn der Europameisterschaft feiern. Vogts war bereits zuvor als Spieler extrem erfolgreich gewesen. Wie Beckenbauer wurde der Verteidiger Welt- und Europameister, auf Vereinsebene sprangen mit Borussia Mönchengladbach fünf deutsche Meisterschaften und zwei UEFA-Cup-Siege heraus.

Vogts-Nachfolger **Erich Ribbeck** amtierte nur bei einem großen Turnier als Bundestrainer – und musste nach der verpatzten EM 2000 sofort seinen Hut nehmen. Auf Vereinsebene war Ribbeck ein erfolgreicher Trainer (unter anderem UEFA-Cup-Sieg 1988 mit Bayer Leverkusen). Seine Karriere als Spieler hält sich dagegen in Grenzen. Als Verteidiger war Ribbeck Ende der 1950er- und zu Beginn der 1960er-Jahre beim damals zweitklassigen Wuppertaler SV aktiv. 1962/63 spielte er darüber hinaus in der Oberliga West für den SC Viktoria Köln.

Auf Ribbeck folgte **Rudi Völler** für die Zeit von 2000 bis 2004 als Teamchef. Völler zählt zu den Stürmerlegenden des deutschen Fußballs, mit dem DFB-Team gewann er 1990 den WM-Titel. Auch auf Klubebene kämpfte er um Titel. Mit Olympique Marseille errang er 1993 die Champions League. Als Teamchef konnte Völler die Nationalmannschaft ins WM-Finale 2002 führen, bei der EM 2004 war dann aber bereits nach der Gruppenphase Schluss.

So erhielt **Jürgen Klinsmann** den Zuschlag als Bundestrainer für die Heim-WM 2006. Klinsmann war Völlers kongenialer Sturmpartner bei der WM 1990, sechs Jahre später stemmte

Klinsmann als Kapitän auch noch den EM-Pokal in den Londoner Nachthimmel. Als Coach lotste Klinsmann das DFB-Team exzellent durch die Heim-WM, auch wenn am Ende nur Platz drei heraussprang.

Zwischen Herbst 2006 und 2021 prägte deshalb **Joachim Löw** eine Ära als Bundestrainer. Der Gewinn der Weltmeisterschaft 2014 gilt als Krönung seiner Amtszeit. Die Profikarriere von Löw liest sich dagegen beschaulich, er war ein solider Bundesligastürmer in den Achtzigern für die Klubs VfB Stuttgart, Eintracht Frankfurt und Karlsruher SC. Zudem lief Löw fast 200-mal für den SC Freiburg in der 2. Liga auf.

Von 2021 bis 2023 war **Hansi Flick,** Löws ehemaliger Co-Trainer bei der WM 2014, als Bundestrainer aktiv. Das frühe Ausscheiden bei der WM 2022 wurde auch an Flick festgemacht, wenige Monate nach dem Debakel in Katar entließ der DFB erstmals in seiner Geschichte einen Bundestrainer. Als Spieler kam Flick nie für die Nationalmannschaft zum Einsatz, obwohl der gebürtige Heidelberger Ende der 1980er-Jahre im Mittelfeld des FC Bayern agierte und insgesamt viermal deutscher Meister wurde.

Mit **Julian Nagelsmann** ist nun ein junger Bundestrainer im Amt, der einst als Jugendspieler beim TSV 1860 München auf dem Weg zum Profi war. Allerdings erlitt Nagelsmann noch als Jugendspieler eine schwere Knieverletzung, weshalb sein Traum vom Profifußball platzte.

Fazit: Muss ein Bundestrainer als Spieler besonders erfolgreich gewesen sein, um mit dem DFB-Team beachtliche Ergebnisse oder Titel einzufahren? Diese Frage lässt sich statistisch nicht eindeutig beantworten. Mit Ribbeck und Flick als Bundestrainer erlebte das DFB-Team eine Zeit mit vielen blamablen Leistungen und Ergebnissen. Ausgerechnet dieses Duo spielte nie selbst für die Nationalmannschaft. Allerdings kam auch Joachim Löw nie für die A-Nationalmannschaft zum Einsatz – und trotzdem wurde er als Trainer 2014 Weltmeister mit dem DFB-Team.

Waren Bundestrainer zuvor deutsche Nationalspieler?

Bundestrainer	War deutscher Nationalspieler	Titeltriumph als DFB-Trainer
Otto Nerz	nein	nein
Sepp Herberger	ja	ja
Helmut Schön	ja	ja
Jupp Derwall	ja	ja
Franz Beckenbauer	ja	ja
Berti Vogts	ja	ja
Erich Ribbeck	nein	nein
Rudi Völler	ja	nein
Jürgen Klinsmann	ja	nein
Joachim Löw	nein	ja
Hansi Flick	nein	nein
Julian Nagelsmann	nein	noch offen

TOPSPIELE UND VOLLES HAUS

Über 1000 Partien Länderspiel-geschichte

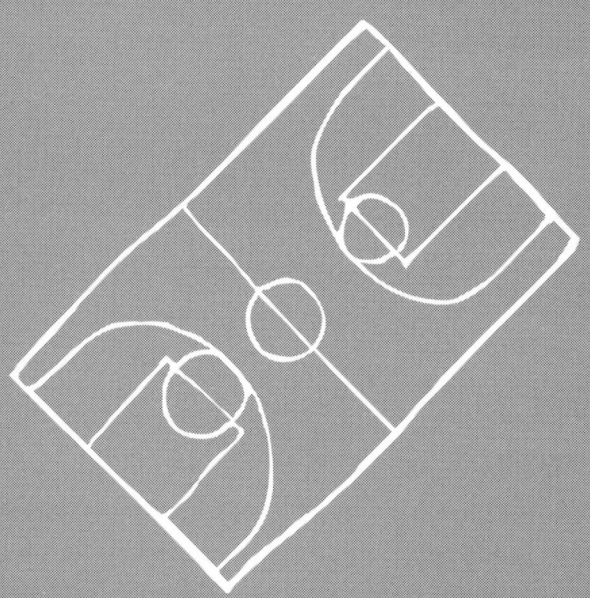

DIE JUBILÄUMSSPIELE DER NATIONALMANNSCHAFT

Die DFB-Auswahl feierte am 12. Juni 2023 ihr Jubiläum: In Bremen stieg gegen die Ukraine das 1000. Länderspiel der Männer in der Historie des Verbands. Die Schallmauer hat Deutschland dabei als erst fünfte Fußballnation der Welt durchbrochen. Den Rekord hält, sicherlich etwas überraschend, der Nationalverband von Südkorea. Erst danach folgen die üblichen Verdächtigen Argentinien, England und Brasilien. Nach Deutschland wird Uruguay als nächste Nation das 1000. Länderspiel feiern, darauf allerdings voraussichtlich noch einige Jahre warten müssen.

Nation	Anzahl der Länderspiele (einschließlich Oktober 2023)	1000. Spiel
Südkorea	1119	2015 vs. Oman
Argentinien	1058	2018 vs. Mexiko
England	1049	2019 vs. Montenegro
Brasilien	1037	2020 vs. Venezuela
Deutschland	1006	2023 vs. Ukraine
Uruguay	953	

An den Jubiläumsspielen des DFB lässt sich ablesen, wie die Taktung der Länderspiele mit der Modernisierung des Fußballs enger geworden ist. Wegen der beiden Weltkriege sind die Daten der ersten Jubiläen dahin gehend nicht sonderlich aussagekräftig, nach Gründung der Bundesrepublik und der Wiedereingliederung in den internationalen Fußball sind sie es sehr wohl: Zwischen dem 200. und 300. Länderspiel Deutschlands lagen etwas mehr als 14 Jahre (April 1951 bis Mai 1965), zwischen dem 900. und 1000. Länderspiel hingegen nur acht Jahre und drei Monate (März 2015 bis Juni 2023).

Die Jubiläumsspiele waren für den DFB dabei zumeist ein gutes Omen: Nur eines ging verloren, die 400. Partie im Jahr 1975 gegen England. Dem gegenüber stehen acht Siege und das 3:3 gegen die Ukraine aus dem Sommer 2023. Nur eines der Jubiläumsspiele fand im Rahmen eines Turniers statt, 1984 gelang im 500. Einsatz der DFB-Geschichte bei der EM-Endrunde in Frankreich ein 2:1 gegen Rumänien. Das Ausscheiden in der Gruppenphase konnte der Titelverteidiger damit allerdings nicht verhindern.

Nummer	Datum	Gegner	Resultat
100	11.03.1934	Luxemburg	9:1-Sieg
200	15.04.1951	Schweiz	3:2-Sieg
300	26.05.1965	Schweiz	1:0-Sieg
400	12.03.1975	England	0:2-Niederlage
500	17.06.1984	Rumänien	2:1-Sieg
600	17.11.1993	Brasilien	2:1-Sieg
700	28.03.2001	Griechenland	4:2-Sieg
800	26.03.2008	Schweiz	4:0-Sieg
900	29.03.2015	Georgien	2:0-Sieg
1000	12.06.2023	Ukraine	3:3-Remis

DIE FÜNF BESTEN SPIELE DER NATIONALMANNSCHAFT

Bei über 1000 Länderspielen und allein vier WM- und drei EM-Triumphen fällt die Auswahl der absolut besten Spiele der DFB-Männer nicht leicht. Der Verband hat dazu anlässlich des Jubiläumsspiels gegen die Ukraine im Sommer 2023 die DFB-All-Stars abstimmen lassen. Dabei handelt es sich um einen Zusammenschluss ehemaliger Nationalspielerinnen und Nationalspieler, die sich beispielsweise bei Charity-Spielen noch mal das Trikot mit dem Adler auf der Brust überstreifen. Bei der großen Auswahl aus 115 Jahren Länderspielgeschichte haben die All-Stars nur ein Endspiel zu den fünf besten Partien der deutschen Nationalmannschaften gewählt.

Platz fünf: Deutschland 2 : 1 Niederlande, WM-Achtelfinale 1990

Aufgrund der seit 1974 gewachsenen Rivalität mit dem Nachbarland, aber auch, weil die DFB-Auswahl in Italien zu den großen Favoriten zählte, ging mit dem Achtelfinale gegen die Niederlande große Anspannung einher. Die Spuck-Attacke von Frank Rijkaard auf Rudi Völler tat während der ersten Hälfte ihr Übriges, wirkte aber eher als zusätzliche Motivation für Deutschland. Durch Treffer von Jürgen Klinsmann und Andreas Brehme jeweils auf Vorlage von Guido Buchwald fand der DFB auf die Siegerstraße, ein diskutabler Strafstoß brachte die *Elftal* spät noch mal zurück. Im Nachgang galt die Partie als Faktor, der die deutsche Elf noch stärker zusammengeschweißt hat, weil sich die Kicker darauf einschworen, für den ungerecht behandelten Völler zu gewinnen.

Platz vier: Deutschland 5:4 Frankreich, WM-Halbfinale 1982 (nach Elfmeterschießen)

Es gibt Fußballspiele, über die man sich unzählige Geschichten erzählen kann. Schumachers Attacke gegen Battiston dominiert die Erzählung des WM-Halbfinals von Sevilla, das aber auch andere Anekdoten bot. Da wäre zum Beispiel der französische Staatspräsident François Mitterrand, der auf der Tribüne bei der Einwechslung des angeschlagenen DFB-Kapitäns Karl-Heinz Rummenigge gestöhnt haben soll: »Mon Dieu, Rümmenisch«. Prompt verhalf der Angreifer Deutschland zum Comeback in der Verlängerung. Im anschließenden Elfmeterschießen war eigentlich Karlheinz Förster als Schütze vorgesehen, ehe Horst Hrubesch ihm nahelegte, er werde sich der Sache selbst annehmen. »Bleib sitzen, ich mach ihn rein«, soll der Stürmer seinerzeit gesagt haben. Das tat er auch und schoss Deutschland ins Finale gegen Italien.

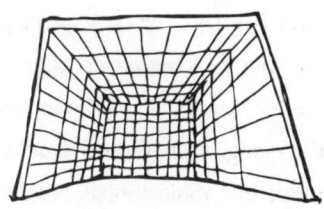

Platz drei: Deutschland 3:4 Italien, WM-Halbfinale 1970 (nach Verlängerung)

Dass die Altvorderen der deutschen Nationalmannschaft eine Niederlage zu den fünf besten Spielen der DFB-Historie zählen, zeigt, wie besonders der 17. Juni 1970 in Mexiko-Stadt war. Selbst unter neutralen Fußballexperten gilt es als eines der größten Spiele aller Zeiten. Dabei sah es bis zur Schlussminute der regulären Spielzeit wenig nach einem Drama aus, Deutschland lief lange einem 0:1-Rückstand hinterher. Dann traf Karl-Heinz Schnellinger, »ausgerechnet Schnellinger«, wie Fernsehreporter Ernst Huberty es formulierte. Der Abwehrmann spielte seinerzeit seit Jahren in Italien, war eine Legende der AC Mailand. Und keineswegs als Torjäger bekannt, tatsächlich gelang ihm im sogenannten »Jahrhundertspiel« das einzige Tor für die Nationalmannschaft. In der Verlängerung ging es plötzlich hin und her, Gerd Müller wurde erst von Tarcisio Burgnich und Luigi Riva gekontert, schaffte dann aber den Ausgleich zum 3:3. Postwendend schlug Italien durch Gianni Rivera zum Endstand zurück. Deutschland verpasste die Finalteilnahme, verdiente sich aber weltweite Anerkennung.

Platz zwei: Deutschland 3:2 Ungarn, WM-Finale 1954

In der Liste der WM-Sensationen steht der deutsche Sieg über die vermeintlich unbezwingbaren Ungarn, nach 1945 über Jahre das Maß aller Dinge im Weltfußball, nach wie vor ganz weit oben. Die Bedeutung des ersten WM-Titels für die junge Bundesrepublik nur neun Jahre nach Ende des 2. Weltkriegs kann wahrscheinlich nicht hoch genug geschätzt werden. Längst ist das »Wunder von Bern« in die Folklore eingegangen. Dabei ist weitgehend in Vergessenheit geraten, dass zunächst gar nichts auf einen deutschen Triumph deutete. Nach nur neun Minuten hatten die Stars Férenc Puskás und Zoltán Czibor die Magyaren mit zwei Treffern in Führung gebracht. Wer weiß, wie das Spiel ausgegangen wäre, hätte Max Morlock nicht den schnellen Anschluss wiederhergestellt. Helmut Rahn glich aus (18.), dann passierte lange recht wenig. Bis Rahn aus dem Hintergrund schoss und den Sensationssieg einbrachte. »Aus, aus, aus – aus! – Das Spiel ist aus. – Deutschland ist Weltmeister …«, konnte Radioreporter Herbert Zimmermann es kaum fassen. Seine Worte gehören genauso eng zum »Wunder von Bern« wie die zahlreichen Mythen, die sich um das Spiel ranken. Zum Beispiel der Mythos vom »Fritz-Walter-Wetter«: dass Deutschland vor allem dank eines technischen Vorteils bei den Stollen an den Fußballschuhen im regennassen Wankdorf-Stadion von Bern erfolgreich war.

Platz eins: Deutschland 7 : 1 Brasilien, WM-Halbfinale 2014

Um das »Wunder von Bern« oder auch das »Jahrhundertspiel« zu toppen, braucht es im Prinzip etwas Unvorstellbares, nie Dagewesenes. Genau das lieferte das Halbfinale der WM-Endrunde in Brasilien im Sommer 2014. Deutschland war als Favorit ins Turnier gegangen, hatte in den vorherigen Partien aber nicht vollständig überzeugt. Das Gleiche ließ sich über Brasilien sagen, das insbesondere auf den Heimvorteil setzte. Was sich auf dem Rasen von Belo Horizonte abspielen sollte, konnte sich niemand vorstellen. In Vergessenheit geraten ist, dass die *Selecao* den besseren Start erlebte und die deutsche Führung durch Thomas Müller eher glücklich war. Zwischen der 23. und 29. Minute fegte jedoch ein deutscher Sturm über die Brasilianer hinweg. Es kann sicherlich von den besten Minuten der deutschen Fußballhistorie die Rede sein. Miroslav Klose, zweimal Toni Kroos und Sami Khedira schossen eine 5:0-Halbzeitführung heraus, die ganz Brasilien ins Tal der Tränen stürzte. Wegen der bescheidenen Torjubel und des Umstands, dass die deutschen Spieler ihre Gegner trösteten, statt sie vorzuführen, hat die DFB-Elf im Gastgeberland große Sympathien erworben. Beim Finale gegen Argentinien waren so die brasilianischen Daumen für Deutschland gedrückt, sicher auch, weil es gegen den eigenen Erzrivalen in Südamerika ging.

BERLIN IST UNSCHLAGBAR – JEDENFALLS WAS DIE SPIELSTÄTTEN DES DFB BETRIFFT

Anders als Nationen wie England oder Frankreich hat die DFB-Auswahl keine feste Heimspielstätte. Länderspiele innerhalb der Bundesrepublik werden zwischen den vielen geeigneten Stadien in Deutschland nach einem gewissen Rotationsprinzip verteilt. So haben bisher insgesamt 38 verschiedene Städte auf dem heutigen Gebiet der Bundesrepublik als Gastgeber für ein Heimspiel der Nationalmannschaft fungiert. Die meisten Partien entfallen dabei auf Berlin, das bis Oktober 2023 46 Länderspiele ausgetragen hat, dahinter folgen Hamburg, Stuttgart, Köln und München. Sicher etwas überraschend: Die Fußballhochburgen im Ruhrgebiet, Dortmund und Gelsenkirchen, landen mit 21 und 19 Länderspielen nur auf den Rängen zehn und elf. Das ist auch bemerkenswert, weil die Bilanz des DFB-Teams in Dortmund besonders gut ist. Über viele Jahre galt das Westfalenstadion gar als uneinholbar, die erste Niederlage war eine umso schmerzhaftere: Bei der Heim-WM 2006 verlor Deutschland im Halbfinale gegen Italien.

Rang	Spielort	Zahl der Länderspiele
1.	Berlin	46
2.	Hamburg	35
3.	Stuttgart	34
4.	Köln	29
4.	München	29

6.	Hannover	27
6.	Düsseldorf	27
8.	Frankfurt	25
9.	Nürnberg	22
10.	Dortmund	21
11.	Gelsenkirchen	19

Auswärtsspiele hat Deutschland indes bis dato in 72 Ländern bestritten. Als einziger Kontinent fehlt der Nationalmannschaft bisher Australien-Ozeanien. Wegen der gewaltigen Distanz bietet sich eine Reise ans sprichwörtliche andere Ende der Welt wohl erst an, wenn dort eine WM-Endrunde ausgetragen werden sollte. Die bislang am weitesten entfernte Spielstätte stellt Santiago de Chile dar, wo die DFB-Männer 1962 bei der WM-Endrunde spielten und zwei Testspiele ausgetragen haben. Die beliebtesten Reiseziele der deutschen Nationalmannschaft lagen naturgemäß weniger weit entfernt: Die häufigsten Spielorte bei Auswärtspartien waren Wien (das zwischen 1940 und 1942 infolge des sogenannnten Anschlusses an das Deutsche Reich dreimal auch als Heimspielstätte fungierte), Basel, Budapest, London und Amsterdam.

Rang	Spielort	Zahl der Länderspiele
1.	Wien	19
2.	Basel	18
3.	Budapest	17
4.	London	16
5.	Amsterdam	14

Außerhalb Europas spielte die DFB-Auswahl am häufigsten in Mexiko-Stadt (achtmal), Rio de Janeiro, Santiago de Chile (je sechsmal), Buenos Aires (fünfmal) und Córdoba (viermal).

DAS DEUTSCHE NATIONALTEAM ALS PUBLIKUMSMAGNET

Vom TV-Ereignis Fußball

NUR FUSSBALL ZÄHLT: DFB-SPIELE STELLEN TV-REKORDE AUF

In den vergangenen Jahren hat das Interesse an der deutschen Nationalmannschaft (vermeintlich) abgenommen. In der Berichterstattung wird dazu eine niedrige TV-Einschaltquote gepaart mit schwachen Ergebnissen, angeblich unnahbaren Stars und einer inkompetent wirkenden Verbandsführung als Ursachen-Quartett angeführt. Hinzu kam zuletzt die umstrittene WM in Katar, bei der bewusst ein Teil der Fans die Spiele boykottierte. Allerdings ist Vorsicht geboten vor Schnellschüssen bei der Analyse von TV-Quoten, wenngleich sich Tendenzen ablesen lassen.

Natürlich ist der Faktor Erfolg ein wesentliches Element, um für mehr Zuschauer und Begeisterung im Land zu sorgen. Man sollte nicht unter den Tisch fallen lassen, dass zahlreiche TV-Stationen auf der Welt durch die WM in Katar neue Rekordeinschaltquoten vermeldeten, meistens in Ländern, deren Nationalmannschaften in Katar stark performten.

Für Deutschland stehen beispielgebend die WM 2006 und die anhaltenden Erfolge bis zur EM 2016. Das DFB-Team spielte in diesen zehn Jahren stets um den Titel mit und hatte durch die Heim-WM 2006 auch gesellschaftlich eine enorme Wirkkraft entfaltet. Irgendwann aber endet jeder Erfolgszyklus, und es gilt, etwas Neues aufzubauen. An diesem Punkt befindet sich Fußballdeutschland im Jahr 2023.

Deutschland bleibt grundsätzlich eine Fußballnation mit vielen im positiven Sinne verrückten Fans. Geht es um bedeutende Spiele in Sachen Nationalmannschaft, schaut sich die Partie in der Regel rund jeder dritte Einwohner an. Bei 84 Millionen Einwohnern in Deutschland sind das um die 28 Millionen Fans. Zu den gleich angeführten Zahlen sei natürlich erwähnt: Die Einwohnerzahl Deutschlands ist stetig gewachsen, damit einhergehend auch die Besitzquote eines TV-Geräts – und gepaart mit den Erfolgen seit 2006 ist es demnach nachvollziehbar, dass nahezu alle Topquoten im TV im Zeitraum zwischen 2006 und 2016 gemessen wurden.

WM-Finale 2014 mit All-Time-Rekord

Der deutsche TV-Zuschauerrekord wurde beim WM-Endspiel 2014 zwischen Deutschland und Argentinien aufgestellt. Den 1:0-Sieg des deutschen Teams nach Verlängerung verfolgten 34,57 Millionen Zuschauer am heimischen Fernseher. Aufgrund der zahlreichen Public Viewings (Fanmeilen, Kneipen, Freunde) haben wahrscheinlich noch viel mehr Menschen in Deutschland das Finale verfolgt. Der Marktanteil im TV betrug zudem über 86 Prozent, sprich: Nahezu jeder Fan, der seinen Fernseher zu dieser Zeit eingeschaltet hatte, sah sich das Endspiel an.

In der deutschen Fernsehgeschichte hat es kein Ereignis gegeben, das von mehr Menschen gesehen wurde. Und es dürfte für viele Beobachter keine Überraschung sein: Die Top Ten der meistgesehenen Sendungen/Ereignisse in Deutschland belegen ausschließlich Partien der deutschen Fußballnationalmannschaft. Der Überblick:

Die TV-Rekordquoten in Deutschland:

Platz	Begegnung	Turnierrunde	Ergebnis	TV-Quote
1.	Deutschland – Argentinien	WM-Finale 2014	1 : 0 n. Verl.	34,57 Mio.
2.	Deutschland – Brasilien	WM-Halbfinale 2014	7 : 1	32,54 Mio.
3.	Deutschland – Spanien	WM-Halbfinale 2010	0 : 1	31,10 Mio.
4.	Deutschland – Frankreich	EM-Halbfinale 2016	0 : 2	29,82 Mio.
5.	Deutschland – Italien	WM-Halbfinale 2006	0 : 2	29,66 Mio.
6.	Deutschland – Türkei	EM-Halbfinale 2008	3 : 2	29,43 Mio.
7.	Deutschland – Ghana	WM-Vorrunde 2010	1 : 0	29,30 Mio.
8.	Deutschland – Argentinien	WM-Finale 1990	1 : 0	28,66 Mio.
9.	Deutschland – Italien	EM-Viertelfinale 2016	7 : 6 n. E.	28,32 Mio.
10.	Deutschland – Tschechische Republik	EM-Finale 1996	2 : 1 i. d. Verl.	28,44 Mio.

Sechs WM-Spiele landeten in den Top Ten gegenüber vier EM-Partien. Die Plätze zwei bis sechs werden von Halbfinalpartien bestimmt.

Flopquote gegen Japan

Ab 2018 gelangte kein Spiel des DFB-Teams mehr in die Top Ten. Das Ausscheiden in der Vorrunde bei den Weltmeisterschaften 2018 und 2022 sowie das Achtelfinal-Aus bei der EM 2020 beziehungsweise 2021 ließen allerdings kaum Spielraum, um die

Quote hochzutreiben. Hier dennoch ein Überblick der Zahlen zur jeweils letzten EM und WM.

Deutscher TV-Topwert bei der EM 2020 beziehungsweise 2021 war das Achtelfinale England gegen Deutschland. Damals schalteten 27,36 Millionen Zuschauer ein und sahen einen 2:0-Erfolg der *Three Lions*. Die Partien mit deutscher Beteiligung in der Gruppenphase wiesen folgende Werte auf:

⚽ Deutschland vs. Frankreich: 22,56 Millionen Zuschauer

⚽ Deutschland vs. Portugal: 20,11 Millionen Zuschauer

⚽ Deutschland vs. Ungarn: 25,74 Millionen Zuschauer

Wiederum der deutsche TV-Topwert bei der umstrittenen WM in Katar war das letzte Gruppenspiel zwischen dem DFB-Team und Costa Rica (4:2). 17,44 Millionen Zuschauer schalteten bei der Partie ein und mussten am Ende das vorzeitige Ausscheiden Deutschlands zur Kenntnis nehmen. Zuvor hatte das Gruppenspiel gegen Spanien 17,05 Millionen Zuseher verzeichnet. Die Auftaktniederlage gegen Japan (1:2) wollten nur 9,23 Millionen Fans sehen.

DIE DFB-ELF KRIEGT NICHT DIE HUCKE, SONDERN DIE STADIEN VOLL

Bis zum Jahr 2018 war ein ausverkauftes Stadion bei Spielen der deutschen Nationalmannschaft nahezu eine Selbstverständlichkeit. Zuletzt tat sich der DFB jedoch schwer, bei Länderspielen eine »volle Hütte« zu bieten. Neben nachlassenden sportlichen Erfolgen könnten hohe Eintrittspreise, späte Anstoßzeiten (20.45 Uhr) und teilweise die Kommerzialisierung (PR-Slogan »Die Mannschaft«) sowie die Domestizierung der deutschen Fanszene (Fanklub Nationalmannschaft vs. Ultras aus der Klubszene) als Gründe angeführt werden. Aufgelistet seien nun Zuschauerrekorde bei Partien mit Beteiligung der deutschen Nationalmannschaft.

⚽ Das deutsche Länderspiel mit den meisten Zuschauern seit Bestehen des DFB datiert vom 21. März 1982. Laut offiziellen Angaben kamen 170 000 Zuschauer ins Maracanã-Stadion, um den 1:0-Testspielsieg Brasiliens gegen Deutschland zu bejubeln.

⚽ Auch Platz zwei geht an das Maracanã in Rio de Janeiro. Als Brasilien im Juni 1965 Deutschland zum Testspiel (2:0) empfing, waren laut Auflistung von *transfermarkt.de* 143 315 Zuschauer im Stadion vor Ort.

⚽ Platz drei nimmt das WM-Finale von 1986 ein. Im Aztekenstadion von Mexiko-Stadt unterlag Deutschland vor 114 590 Zuschauern Argentinien mit 2:3.

⚽ Das bestbesuchte Heimspiel einer deutschen Nationalmannschaft ist vom 14. Mai 1938 notiert. Damals verlor Deutschland im Berliner Olympiastadion vor 105 000 Zuschauern mit 3:6 gegen England.

Bei den Angaben der Zuschauerzahlen vor den 1990er-Jahren ist oftmals mit Ungenauigkeiten zu rechnen, selbstredend waren

Kontrollinstrumente für den Zutritt ins Stadion nicht ausgereift, um alles komplett nachzuverfolgen.

⚽ Das gilt auch für das zweitbestbesuchte Heimspiel in der Geschichte der deutschen Nationalmannschaft. Nach dem 2. Weltkrieg war Deutschland zunächst aus der FIFA ausgeschlossen worden, 1949 folgte die Rückkehr in den internationalen Verband auch dank der Unterstützung der Schweiz. So kam es am 22. November 1950 zum ersten Spiel des DFB-Teams nach 1945, das Schweizer Team reiste dazu nach Stuttgart an. Die offizielle Homepage des DFB berichtet über die Zuschauerzahlen zu dieser Partie: »Der DFB meldete offiziell 96 400 Zuschauer, aber die in der Presse publizierten Schätzungen schwankten damals zwischen 103 000 und 120 000 – jedenfalls waren es viel zu viele für das Neckarstadion, das offiziell 80 000 Plätze auswies.«

»FUSSBALL IST UNSER LEBEN«, DAS SINGEN EHER NICHT: DIE WM-SONGS DES DFB-TEAMS

Fußball und Musik gehören seit jeher zusammen. Aufgrund der wechselnden Spielorte und eines stets aufs Neue gemischten Publikums haben sich in Bezug auf die Nationalmannschaft auf den Tribünen der Republik kaum einheitliche Gesänge etablieren können, wie man sie aus dem Vereinsfußball kennt. Die Lieder, die die Nationalspieler selbst zwischen 1973 und 1994 mit eingesungen haben, gehören eher nicht zu der Kategorie, die sich von Fans auf den Rängen in den Abendhimmel posaunen lassen.

Den Anfang machte eine Komposition des Schlagerkomponisten Jack White, der anlässlich der Heim-WM 1974 den Titel »Fußball ist unser Leben« schrieb. Für die kommerzielle Verwendung wurde er vom DFB-Kader des Jahres 1973 eingesungen, zu hören waren unter anderem Franz Beckenbauer, Gerd Müller und Trainer Helmut Schön. Im Chor ging die mangelnde Gesangserfahrung (und -qualität) eher unter, was den Ohren der Fans sicherlich zugutekam. Langspielplatte und Single-Auskopplung waren ein kommerzieller Erfolg, und das hing sicherlich auch mit der gleichzeitigen Blüte des deutschen Schlagers und der Nationalmannschaft zwischen 1972 und 1974 zusammen.

Am tiefgreifenden Text wird der Erfolg eher nicht gelegen haben:

»Ha! Ho! Heja heja he!
Ha! Ho! Heja heja he!
Fußball ist unser Leben,
denn König Fußball regiert die Welt.
Wir kämpfen und geben alles,
bis dann ein Tor nach dem andern fällt.
Ja, einer für alle, alle für einen.
Wir halten fest zusammen,
und ist der Sieg dann unser,
sind Freud' und Ehr' für uns alle bestellt.«

Bei folgenden Veröffentlichungen verließ sich der DFB nicht mehr allein auf die Stimmgewalt seiner Fußballstars, sondern holte sich prominente Hilfe. 1978 dichtete Udo Jürgens zur WM in Argentinien mit vergleichsweise geringem fußballerischen Bezug:

»Buenos días, Argentina!
Er war lang, mein Weg zu dir!
Doch nun schwenk' ich den Sombrero
Buenos días, ich bin hier!
Buenos días, Buenos Aires!
Wenn die rote Sonne glüht
Rauscht von ferne der La Plata
Und er singt mit mir ein Lied«

Das Studioalbum mit Fußballstars des DFB als Background-sänger erreichte ebenso Platz eins in den Charts wie vier Jahre später die LP »Olé España« in Zusammenarbeit mit Michael Schanze. Vergleichbarer kommerzieller Erfolg blieb 1985 (»Me-xico Mi Amor« mit Peter Alexander) und 1990 (»Sempre Roma« mit Udo Jürgens) aus. Letztmals sangen die Nationalspieler zur WM 1994 in den USA gemeinsam mit der Band Village People (»Far Away in America«) offizielle Begleitmusik ein. Ein Wieder-aufleben der Tradition steht wohl kaum zu erwarten.

DIE NOMINIERTEN
Fast 1000 Männer dürfen sich Nationalspieler nennen

NICHT NUR IN DER LIGA: FC BAYERN VOR BORUSSIA DORTMUND. DIE ANZAHL DER NATIONALSPIELER NACH KLUB

Die insgesamt 972 für die Nationalmannschaft zum Einsatz gekommenen Spieler verteilen sich auf weit über 100 Vereine, von denen viele mit dem heutigen Profifußball nichts zu tun haben, sofern es sie überhaupt noch gibt. Den deutlich größten Anteil stellt darunter der FC Bayern: 94 Spieler des deutschen Rekordmeisters haben über die Jahre für die Nationalmannschaft gespielt, das entspricht immerhin einem Anteil von knapp 9,67 Prozent an allen DFB-Internationalen. Mit großem Abstand liegt Borussia Dortmund (63 Nationalspieler) auf Rang zwei, dahinter tummeln sich diverse Bundesligagrößen der Gegenwart und Vergangenheit recht eng beieinander.

Rang	Verein	National-spieler	Erster Debütant
1.	FC Bayern	94	Max Gablonsky (1910)
2.	Borussia Dortmund	63	August Lenz (1935)
3.	Hamburger SV	51	Otto Harder (1914)
4.	FC Schalke 04	50	Ernst Kuzorra (1927)
5.	VfB Stuttgart	45	Paul Mauch (1922)
6.	Bayer Leverkusen	44	Herbert Waas (1983)
7.	Werder Bremen	43	Matthias Heidemann (1933)

7.	1. FC Köln	43	Josef Röhrig (1950)
9.	Borussia Mönchen-gladbach	42	Heinz Dietgens (1936)
10.	1. FC Nürnberg	37	Ludwig Philipp (1910)

Zu bekannten Vereinen mit bislang genau einem deutschen Nationalspieler gehören beispielsweise Ajax Amsterdam (Amin Younes), Aston Villa (Thomas Hitzlsperger), Real Betis (David Odonkor), Fenerbahçe Istanbul (Mustafa Doğan), Galatasaray Istanbul (Lukas Podolski), Manchester United (Bastian Schweinsteiger) und Newcastle United (Dietmar Hamann).

Unter den Bundesligisten der Saison 2023/24 warten mit dem SV Darmstadt und dem 1. FC Heidenheim beide Aufsteiger auf die erste Nominierung eines Spielers zur DFB-Auswahl.

WER NIMMT ES MIT DEM FC BAYERN AUF? BLOCKBILDUNG BEI GROSSTURNIEREN

Deutschland gilt als absolute Turniermannschaft, was sich an den vier Weltmeistertiteln und drei gewonnenen Europameisterschaften ebenso ablesen lässt wie an den zahlreichen weiteren Halbfinal- und Endspielteilnahmen. Als einen wichtigen Faktor führen Experten dabei an, dass die Bundestrainer schon immer auf die sogenannte Blockbildung gesetzt haben. Gemeint ist eine große Gruppe von Spielern in einem Turnierkader, die sich bereits aus ihrem Verein gut kennen. Inwieweit die Trainer bei ihrer

Auswahl darauf geachtet haben, ist im Nachgang sicherlich nicht immer zu rekonstruieren.

Beim Blick auf die Titelgewinne der DFB-Mannschaften ist aber in der Tat auffällig, dass in den Aufgeboten oftmals ein oder zwei Klubs dominiert haben. Mit wenigen Ausnahmen war hauptsächlich der FC Bayern bei den erfolgreichen Turnieren sehr stark vertreten. Dass der Branchenprimus der Bundesliga einen großen Anteil an Nationalspielern für ein Turnier abstellt, ist kein Wunder. Die Tatsache, dass die Kicker untereinander eingespielt waren, war für viele Bundestrainer ein Vorteil.

Allerdings waren auch bei großen Enttäuschungen Bayern-Blöcke prominent: Bei der EURO 2021 (ausgeschieden im Achtelfinale) waren acht Münchner Profis dabei, beim Vorrunden-Aus in Russland drei Jahre zuvor sieben. Ein Allheilmittel stellt die Blockbildung also keineswegs dar.

Titel	Größter Block	Spieler	Zweitgrößter Block	Spieler
WM 1954	FC Kaiserslautern	5	Hamburger SV/1. FC Köln	Je 2
EM 1972	FC Bayern	6	Borussia Mönchengladbach	6
WM 1974	FC Bayern	7	Borussia Mönchengladbach	5
EM 1980	Hamburger SV	4	1. FC Köln	4
WM 1990	FC Bayern	6	1. FC Köln	4
EM 1996	FC Bayern	7	Borussia Dortmund	5
WM 2014	FC Bayern	7	Borussia Dortmund	4

VON BONHOF BIS ASAMOAH: DIE EINGEBÜRGERTEN NATIONALSPIELER

Von den über 950 Nationalspielern, die für den DFB mindestens einmal zum Einsatz gekommen sind, ist die überwältigende Mehrheit in Deutschland geboren und aufgewachsen. Es gibt aber Ausnahmen: Bei der WM 2006 etwa standen fünf Angreifer im Kader von Jürgen Klinsmann, von denen mit Mike Hanke aber nur einer in Deutschland geboren wurde. Hinzu kamen Miroslav Klose und Lukas Podolski mit Geburtsort in Polen, Oliver Neuville mit Geburtsort in der Schweiz und Gerald Asamoah, der in Ghana das Licht der Welt erblickte. Der Stürmer des FC Schalke 04 ist einer von bisher vier Spielern, die als eingebürgerte Deutsche in der Nationalmannschaft des DFB aufgelaufen sind. Neuville dürfte indes der erste DFB-Internationale gewesen sein, der zur Verständigung mit seinen Teamkollegen einen Dolmetscher bemühte, da er in der italienischsprachigen Schweiz aufgewachsen ist.

Gerald Asamoah

Debüt	Spiele	Tore
29.05.2001	43	6

Asamoah verbrachte die ersten zwölf Jahre seines Lebens in Ghana. 1990 holten die aus seiner Heimat geflüchteten Eltern den Sohn nach Hannover, wo seine fußballerische Karriere im

Nachwuchs von Hannover 96 Schwung aufnahm. Nach seinem Wechsel zum FC Schalke 04 avancierte der bullige Angreifer zum Publikumsliebling. 2001 erfolgte die Einbürgerung, Rudi Völler holte den 22-Jährigen schnell ins DFB-Team. Für Deutschland war Asamoah bei den WM-Endrunden 2002 und 2006 am Ball, machte sich beim Heimturnier vor allem als Kabinen-DJ einen Namen.

Rainer Bonhof

Debüt	Spiele	Tore
26.05.1972	53	9

Bonhof ist zwar 1952 in Emmerich geboren, hatte bis 1969 aber keine deutsche, sondern die niederländische Staatsbürgerschaft. Erst nach seinem Debüt für eine Jugendauswahl des DFB wurde dem späteren Profi von Borussia Mönchengladbach ein deutscher Pass besorgt. Bonhof kam beim EM-Titel 1972 noch nicht zum Einsatz, entwickelte sich aber während der WM 1974 zu einem wichtigen Spieler. Im Finale bereitete er den Siegtreffer von Gerd Müller ausgerechnet gegen die Niederlande vor.

Cacau

Debüt	Spiele	Tore
29.05.2009	23	6

Der gebürtige Brasilianer Cacau erlangte 2009 als Profi des VfB Stuttgart einen deutschen Pass. Zehn Jahre zuvor war er nicht als designierter Fußballspieler, sondern als Teil einer brasilianischen Tanztruppe nach Deutschland gekommen. Über die Niederungen des Amateurfußballs arbeitete sich der Stürmer bis in die Bundesliga vor, Joachim Löw berief ihn ab Mai 2009 bis 2012 regelmäßig in die Nationalmannschaft. Der Angreifer wurde so mit Deutschland WM-Dritter 2010.

Sean Dundee

Der gebürtige Südafrikaner stellt einen Sonderfall dar, denn er wurde eigens für eine DFB-Karriere eingebürgert, kam aber nie zum Einsatz. Weil Dundee in der Bundesliga für den Karlsruher SC ein verlässlicher Torjäger war, sollte er ab 1997 den DFB-Angriff verjüngen. Seine Einbürgerung ging mit heftigen Diskussionen einher; da sie ausschließlich sportliche Gründe hatte, wurde sie vom damaligen Bundesinnenminister Manfred Kanther mehr oder minder durchgedrückt. Letztlich kam es bei mehreren Nominierungen nie zu Dundees Debüt, der 1995 noch einen Einsatz für Südafrika ausgerechnet gegen Deutschland verweigert hatte, um sich die Chance des Nationenwechsels zu erhalten.

Paulo Rink

Debüt	Spiele	Tore
02.09.1998	13	0

Dank eines deutschen Urgroßvaters, der Anfang des 20. Jahrhunderts aus Heidelberg nach Brasilien ausgewandert war, konnte Rink einen deutschen Pass beantragen. Der verhalf ihm 1998 zum Debüt in der Nationalmannschaft unter Teamchef Erich Ribbeck. Bei der verkorksten EURO 2000 kam Rink als einziger Offensivspieler in allen drei Gruppenpartien zum Einsatz, seine DFB-Karriere endete anschließend recht sang- und klanglos, wie so vieles aus dieser Ära der Nationalmannschaft.

VON »BENJAMINS« UND »METHUSALEMS«

Die Berufung in die Nationalmannschaft gilt für Fußballspieler als einer der Höhepunkte ihrer Karriere. Sie erreichen damit ein Etappenziel, oftmals ist auch von der Erfüllung eines Kindheitstraums die Rede. Da die besten Spieler des Landes zusammengerufen werden, müssen diejenigen Kicker, die auf einen Anruf des jeweiligen Bundestrainers hoffen, schon etwas vorweisen können. In den seltensten Fällen reicht eine Handvoll Bundesligaspiele aus, um den Teamchef oder Nationaltrainer von sich zu überzeugen. Ausnahmen bestätigen freilich die Regel.

In der mehr als 115-jährigen Länderspielgeschichte des DFB

haben insgesamt vier Nationalspieler ihr Debüt vor der (heutigen) Volljährigkeit gefeiert.

Willy Baumgärtner, 17 Jahre, 3 Monate, 12 Tage

Der gebürtige Berliner spielte 1908 beim Düsseldorfer SV, als er zu den ersten Länderspielen der DFB-Geschichte eingeladen wurde. Gleich beim allerersten Einsatz einer deutschen Mannschaft überhaupt in Basel gegen die Schweiz am 5. April stellte der Stürmer den Altersrekord auf, der bis heute Gültigkeit hat.

Marius Hiller, 17 Jahre, 7 Monate 28 Tage

Knapp zwei Jahre nach Baumgärtner avancierte Hiller, seinerzeit beim 1. FC Pforzheim tätig, zum bis heute zweitjüngsten Nationalspieler Deutschlands und gleichzeitig nach nur acht Spielminuten in einer weiteren Partie gegen die Schweiz zum jüngsten Torschützen der DFB-Historie.

Uwe Seeler, 17 Jahre, 11 Monate, 11 Tage

»Uns Uwe« ist als eine der größten Persönlichkeiten des deutschen Fußballs in seine Geschichte eingegangen. Das Debüt feierte der Stürmer des Hamburger SV 1954 nach dem WM-Titel gegen Frankreich. Anders als Baumgärtner und Hiller konnte

Seeler sich dauerhaft festbeißen, war Anfang der Siebziger einige Jahre Rekordnationalspieler und wurde zum Ehrenspielführer des DFB ernannt.

Youssoufa Moukoko, 17 Jahre, 11 Monate, 27 Tage

Als bisher letzter Minderjähriger debütierte BVB-Stürmer Moukoko vor der WM 2022 bei einem Test gegen den Oman. Bei der Endrunde in Katar kam er zu einem Kurzeinsatz bei der Auftaktniederlage gegen Japan. Moukoko ist unter anderem der bisher jüngste Bundesligaspieler und ihr bis dato jüngster Torschütze.

Den Benjamins in der Geschichte des DFB stehen die Methusalems gegenüber. Immerhin 19 Kicker haben nach ihrem 35. Geburtstag noch für Deutschland gespielt. Trotz des vermeintlichen Jugendwahns, den der internationale Fußball seit Jahrzehnten verstärkt zu vollziehen scheint, sind dabei recht viele der ältesten Spieler der Länderspielhistorie in der jüngeren Vergangenheit zu ihrem letzten Einsatz gekommen. Nur knapp nicht in den Top Ten liegen etwa Hans-Jörg Butt und Miroslav Klose, die mit jeweils über 36 Jahren bei den WM-Endrunden 2010 und 2014 ihre Karrieren beendet haben.

Die vier bisher ältesten Nationalspieler:

Lothar Matthäus, 39 Jahre, 2 Monate, 30 Tage

Seit seinem Debüt im Jahr 1980 hat kaum ein Spieler die Nationalmannschaft so geprägt wie Matthäus, der seit 1993 Rekordnationalspieler Deutschlands ist. Vor der WM 1998 wurde der
Weltklassefußballer nach dreieinhalb Jahren unter anderem
wegen verletzungsbedingter Unterbrechung zurückgeholt und
blieb bis zur EURO 2000 Teil des DFB-Teams. Damit stellte Matthäus auch einen Rekord für die längste Zeitspanne als Nationalspieler auf: 20 Jahre und sechs Tage lagen zwischen seinem Debüt
und dem letzten Auftritt.

Jens Lehmann, 38 Jahre, 7 Monate, 19 Tage

Torhüter altern vergleichsweise langsam, und so ist es kein Wunder, dass mit Lehmann der erste Keeper in der Liste der ältesten
DFB-Spieler aller Zeiten auftaucht. Jahrelang musste er sich hinter Oliver Kahn mit der Rolle als Nummer zwei zufrieden geben,
vor der WM 2006 wagte Jürgen Klinsmann den Wechsel. Beim
knapp verlorenen EM-Finale zwei Jahre später gegen Spanien
stand Lehmann letztmals zwischen den deutschen Pfosten.

Fritz Walter, 37 Jahre, 7 Monate, 24 Tage

Walter war beim »Wunder von Bern« 1954 der verlängerte Arm
von Trainer Sepp Herberger und Kapitän der Weltmeistermann-

schaft. Der Mittelfeldspieler war auch vier Jahre später noch bei der WM in Schweden für Deutschland aktiv, hatte sich zwischenzeitlich nach einem Disput mit Herberger aber losgesagt. Der Bundestrainer wollte seinen wichtigsten Mann gar für die WM 1962 in Chile reaktivieren, obwohl Walter seine Laufbahn da schon längst beendet hatte. Mit 41 Jahren ließ er sich nicht mehr breitschlagen.

Oliver Kahn, 37 Jahre, 23 Tage

Nachdem er seinen Stammplatz an Lehmann verloren hatte, musste sich Kahn ausgerechnet bei der Heim-WM in Deutschland auf die Bank setzen. Der vom Ehrgeiz nahezu besessene Profi des FC Bayern nahm diese Rolle an, verhielt sich kollegial und wurde beim Spiel um Platz drei mit einem letzten Einsatz belohnt.

»ONE-HIT-WONDER«: NATIONALSPIELER MIT GENAU EINEM EINSATZ

In den über 1000 Länderspielen der DFB-Männer sind annähernd genauso viele Spieler zu Einsätzen gekommen. Die größten Fußspuren haben dabei diejenigen Profis hinterlassen, die besonders oft mit dem Adler auf der Brust aufgelaufen sind. Die weitaus größte Gruppe aller Nationalspieler hat jedoch lediglich beim DFB-Team reinschnuppern dürfen: Mehr als 250 Spieler haben in ihrer Karriere genau ein einziges Länderspiel für Deutschland bestritten.

Der überwältigende Anteil dieser Einmal-Nationalspieler hat den einzigen Einsatz in den Anfangszeiten des internationalen Fußballs absolviert, als der Organisationsgrad der National- mannschaft noch vergleichsweise gering war und sich die Kader bisweilen von einem zum anderen Spiel kaum glichen. Aber auch in modernen Zeiten hat so mancher Spieler nur einmal das Ver- gnügen gehabt.

Seit der Jahrtausendwende sind elf Spieler genau einmal für das DFB-Team aufgelaufen (ausgenommen Spieler, die sich noch im Dunstkreis der Nationalmannschaft befinden):

Name	Debüt	Verein
Zoltan Sebescen	2000 vs. Niederlande	VfL Wolfsburg
Martin Max	2002 vs. Argentinien	1860 München
Hanno Balitsch	2003 vs. Spanien	Bayer Leverkusen
Marvin Compper	2008 vs. England	TSG Hoffenheim
Tobias Weis	2009 vs. VAE	TSG Hoffenheim
Oliver Sorg	2014 vs. Polen	SC Freiburg
Sebastian Jung	2014 vs. Polen	Eintracht Frankfurt
André Hahn	2014 vs. Polen	FC Augsburg
Yannick Gerhardt	2016 vs. Italien	VfL Wolfsburg
Diego Demme	2017 vs. San Marino	RB Leipzig
Mark Uth	2018 vs. Niederlande	FC Schalke 04

Als Nationalspieler mit der geringsten Einsatzzeit gilt der ehemalige Außenverteidiger des VfB Stuttgart Bernd Martin. Der 2018 verstorbene Schwabe wurde bei seinem Debüt am 2. Mai 1979 im Qualifikationsspiel zur EURO 1980 in Wales in der 88. Minute eingewechselt. Nur drei Tage später verletzte sich Martin bei einem Bundesligaspiel des VfB, verpasste so weitere Länderspieleinsätze.

Bestens genutzt haben immerhin 17 Einmal-Nationalspieler ihre große Chance: Ihnen gelang beim ersten und einzigen Einsatz für das DFB-Team ein Treffer. Den sprichwörtlichen Vogel hat dabei Fritz Becker abgeschossen. Der damals erst 19 Jahre alte Spieler des Frankfurter FV, der 1920 in die heute bekannte Eintracht Frankfurt überging, gehörte am 5. April 1908 zur ersten deutschen Nationalmannschaft überhaupt, die in Basel die Länderspielgeschichte mit einer 3:5-Niederlage gegen die Schweiz einläutete. Becker gelang dabei ein Doppelpack, er ist damit einer der wenigen Nationalspieler, die mehr Treffer als Spiele für den DFB gesammelt haben. Der allererste Torschütze Deutschlands war er obendrein, als er die bunte Auswahl mit 1:0 in Führung schoss.

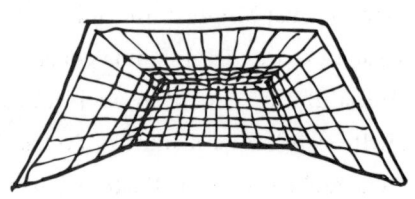

WILLKOMMEN IM HUNDERTER-KLUB!

Während mehr als ein Viertel aller Nationalspieler in der Geschichte des DFB nur genau einen Einsatz absolviert hat, haben bisher 13 Kicker Einzug in den sogenannten Hunderter-Klub erhalten: 100 Länderspiele für Deutschland sind eine besondere Auszeichnung, die gerade in der jüngeren Vergangenheit anlässlich des jeweiligen Jubiläumsspiels seitens des Verbands entsprechend gewürdigt wurde.

Die Zahl der Mitglieder des Hunderter-Klubs ist dabei zuletzt rasant gestiegen. Dies lässt sich in erster Linie mit der wesentlich höheren Anzahl der Länderspiele erklären, die Profis heutzutage absolvieren können, weil es schlichtweg mehr Wettbewerbe gibt, ebenso mehr Teilnehmer an Endrunden. Während etwa Rekordnationalspieler Lothar Matthäus nach seinem Debüt im Juni 1980 ziemlich genau 13 Jahre brauchte, um in den Hunderter-Klub aufgenommen zu werden, der seinerzeit nur aus ihm und Franz Beckenbauer bestand, haben Thomas Müller und Lukas Podolski das Kunststück in rund 8 Jahren vollbracht.

Müller und Podolski gehörten allerdings auch zu einer Generation von Nationalspielern, die unter den Bundestrainern Jürgen Klinsmann (selbst Mitglied im Klub) und Joachim Löw über Jahre die Geschicke des DFB-Teams geprägt haben. Inflationär wird die Aufnahme in den Klub auch künftig nicht sein. Als Nächstes dürfte sich Joshua Kimmich (80 Länderspiele bis Oktober 2023) anschicken, in den illustren Kreis aufgenommen zu werden.

Name	Debüt	Aufnahme in den Hunderter-Klub	Einsätze gesamt
Franz Beckenbauer	1965 vs. Schweden	1976 vs. Tschechoslowakei	103
Lothar Matthäus	1980 vs. Niederlande	1993 vs. USA	150
Jürgen Klinsmann	1987 vs. Brasilien	1997 vs. Armenien	108
Jürgen Kohler	1986 vs. Dänemark	1998 vs. Kolumbien	105
Thomas Häßler	1988 vs. Finnland	2000 vs. Rumänien	101
Miroslav Klose	2001 vs. Albanien	2010 vs. Argentinien	137
Lukas Podolski	2004 vs. Ungarn	2012 vs. Dänemark	130
Philipp Lahm	2004 vs. Kroatien	2013 vs. Österreich	113
Bastian Schwein- steiger	2004 vs. Ungarn	2013 vs. Schweden	121
Per Mertesacker	2004 vs. Iran	2014 vs. Ghana	104
Thomas Müller	2010 vs. Argentinien	2018 vs. Niederlande	126 (noch aktiv)
Toni Kroos	2010 vs. Argentinien	2020 vs. Schweiz	106
Manuel Neuer	2009 vs. VAE	2021 vs. Lettland	117 (noch aktiv)

Rekordnationalspieler Lothar Matthäus muss sich derzeit mutmaßlich keine großen Sorgen machen, dass seine 150 Einsätze für den DFB übertroffen werden könnten. Als ärgster aktiver Verfolger war Thomas Müller schon mehrfach aussortiert. Ginge es dabei nach den Minuten, die die Spieler tatsächlich auf dem Feld verbracht haben, könnte ihm Torhüter Manuel Neuer allerdings noch nahe kommen. 1713 Minuten fehlen dem Keeper auf Matthäus, umgerechnet ergibt das etwas mehr als 19 Partien, die Neuer über die volle Distanz machen müsste. Da er schon mehrfach angekündigt hat, gerne auch mit über 40 Jahren noch spielen zu wollen, ist zumindest nicht ausgeschlossen, dass er, gezählt nach Minuten, zu Matthäus aufschließt und ihn überholt. Ob er sogar noch 33 Länderspiele absolviert, ist etwas fraglicher.

Rang	Spieler	Tatsächliche Einsatzminuten
1.	Lothar Matthäus	12 153
2.	Manuel Neuer	10 440
3.	Philipp Lahm	9900
4.	Franz Beckenbauer	9183
5.	Bastian Schweinsteiger	9061

Bezieht man indes neben den Länderspielen für die DFB-Auswahl auch Partien für die DDR ein, gehört Ulf Kirsten ebenfalls dem Hunderter-Klub an. Der Stürmer absolvierte 49 Länderspiele für die DDR, 51 für die wiedervereinte Bundesrepublik.

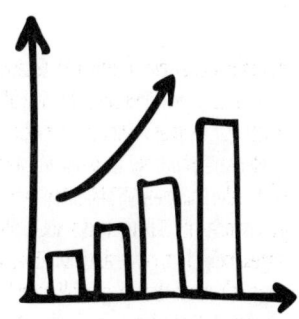

»EHRE, WEM EHRE GEBÜHRT«

Die größten Nationalspieler

VON MATTHÄUS BIS LAHM: DIE REKORD-KAPITÄNE DES DFB-TEAMS

Während die deutsche Nationalmannschaft in ihrer Anfangszeit noch keinen Trainer hatte, war eine ganz bestimmte Position bei jedem der über 1000 Länderspiele des DFB nicht wegzudenken: ein Spielführer. In Absenz von Trainern waren die Kapitäne in der Pionierzeit für taktische Vorgaben an die Teamkollegen verantwortlich, darüber hinaus fungierten sie als erste Ansprechpartner der Schiedsrichter. Über die Jahre haben sich die Anforderungen an das Amt allerdings massiv verändert. Heute sind die Spielführer nicht zuletzt für die Außendarstellung der Nationalmannschaften wichtig, vertreten das Team aber auch gegenüber der Verbandsspitze, wenn es beispielsweise um Prämienregelungen bei Turnieren geht.

Als erster Kapitän des DFB fungierte beim Premierenspiel im April 1908 in der Schweiz der Mittelfeldspieler Arthur Hiller vom 1. FC Pforzheim. Der erste Spielführer, der das Amt Zeit seiner DFB-Karriere mehr oder weniger fest innehatte, war der Halbstürmer Fritz Szepan vom FC Schalke 04, der Deutschland auch als Kapitän in die ersten Teilnahmen an WM-Endrunden 1934 und 1938 führte.

In der Nachkriegszeit etablierte sich mehr und mehr das Prinzip, nach Möglichkeit über lange Zeiträume auf einen Kapitän zu setzen. Da aber mehr und mehr Spiele absolviert wurden, haben die Kapitänsbinden bisweilen von Spiel zu Spiel den Besitzer gewechselt. Insgesamt haben bis Oktober 2023 genau 131 der 972 Nationalspieler in der Geschichte des DFB wenigstens einmal kurz das Amt des Spielführers ausgeübt.

Zu den bekannten Spielern, die die Binde nur einmal getragen haben, gehören etwa Klaus Fischer, Jens Lehmann, Max Morlock oder Marco Reus.

Rekordkapitän ist hingegen seit Dezember 1993 Lothar Matthäus, der in exakt der Hälfte seiner 150 Länderspiele als Kapitän aktiv war. Er löste seinerzeit Karl-Heinz Rummenigge ab, der inzwischen auf Rang fünf abgerutscht ist.

Rang	Spieler	Spiele als Kapitän	Spiele insgesamt
1.	Lothar Matthäus	75	150
2.	Manuel Neuer	60	Bisher 117
3.	Michael Ballack	55	98
4.	Philipp Lahm	53	113
5.	Karl-Heinz Rummenigge	51	95

Ob Neuer Matthäus in dieser Rangliste noch gefährlich werden kann, ist eher zweifelhaft. Der Torhüter wurde im September 2023 während einer monatelangen verletzungsbedingten Abwesenheit von dem damaligen Bundestrainer Hansi Flick durch İlkay Gündoğan ersetzt. Nachfolger Julian Nagelsmann bestätigte den Mittelfeldmann im Oktober 2023 als Kapitän der Nationalmannschaft.

DIE SECHS EHRENSPIELFÜHRER DEUTSCHLANDS

Eine besondere Ehre stellt die Auszeichnung als Ehrenspielführer der deutschen Nationalmannschaft dar. Sie wurde 1958 anlässlich des Rücktritts Fritz Walters aus dem DFB-Team ins Leben gerufen; der Kapitän der Weltmeister von 1954 wurde sogleich als erster Empfänger der Auszeichnung gekürt. Insgesamt sind bisher sechs verdiente ehemalige Nationalspieler als Ehrenspielführer ausgezeichnet worden. In der Ehrungsordnung des DFB heißt es dabei, diese Würde könne erhalten, »wer in einer weit überdurchschnittlichen Anzahl von Länderspielen und davon über Jahre hinweg als Kapitän eingesetzt war und sich in dieser Zeit um den Fußballsport in besonders hohem Maße verdient gemacht hat«.

Auffällig ist: Die Kapitäne der Mannschaften, die für das DFB-Team einen Titel eingefahren haben, sind mit Ausnahme von Bernard Dietz (EM 1980) allesamt zu Ehrenspielführern ernannt worden. Der einzige so ausgezeichnete Ex-Spieler, der keinen Titel vorzuweisen hat, ist Uwe Seeler.

Fritz Walter	Uwe Seeler	Franz Beckenbauer
Lothar Matthäus	Jürgen Klinsmann	Philipp Lahm

HALL OF FAME

Über die besten Spieler aus über 115 Jahren Länderspielgeschichte lässt sich selbstredend trefflich streiten. Der DFB hat mit der Gründung einer *Hall of Fame* im Jahr 2018 begonnen, Fakten zu schaffen. Eine Fachjury aus 26 Sportjournalisten wählte zunächst eine Gründungself inklusive Trainer, seither werden jährlich bis zu vier Persönlichkeiten neu aufgenommen. Die Ruhmeshalle ist seit April 2019 Teil der Dauerausstellung des Deutschen Fußballmuseums in Dortmund.

Die Aufnahme ist nicht explizit Spielern mit großer DFB-Vergangenheit vorbehalten. Vielmehr sieht das Konzept des Museums vor, dass Spieler »von 1900 bis heute, die ihre Karriere mindestens fünf Jahre beendet haben«, infrage kommen. Sie sollen »insbesondere herausragende Leistungen in der Nationalmannschaft vor und nach dem Krieg sowie im nationalen und internationalen Vereinsfußball« vorweisen können. Für den Frauenfußball gibt es seit 2019 eine eigene Ruhmeshalle.

Bis einschließlich 2022 sind 27 Spieler und drei Trainer in die *Hall of Fame* aufgenommen worden, darunter befinden sich mit Hans-Jürgen Dörner und Joachim Streich zwei DDR-Legenden sowie Trainerikone Udo Lattek, der beim DFB-Team lediglich Assistenztrainer von Helmut Schön war. Die übrigen 25 Spieler und zwei Trainer sind zu großem Teil für ihre Verdienste in der Nationalmannschaft in die *Hall of Fame* gewählt worden.

Die Gründungself der Hall of Fame

Tor	Sepp Maier
Abwehr	Franz Beckenbauer
Abwehr	Andres Brehme
Abwehr	Paul Breitner
Mittelfeld	Lothar Matthäus
Mittelfeld	Günter Netzer
Mittelfeld	Matthias Sammer
Mittelfeld	Fritz Walter
Sturm	Gerd Müller
Sturm	Helmut Rahn
Sturm	Uwe Seeler
Trainer	Sepp Herberger

Seither wurden in die Ruhmeshalle aufgenommen:

2019	2020	2021	2022
Oliver Kahn	Berti Vogts	Jürgen Kohler	Philipp Lahm
Hans-Jürgen Dörner	Andreas Möller	Horst Eckel	Bernd Schuster
Wolfgang Overath	Michael Ballack	Miroslav Klose	Karl-Heinz Rummenigge
Jürgen Klinsmann	Klaus Fischer	Joachim Streich	
Helmut Schön	Rudi Völler	Udo Lattek	

TORJÄGER
UND SCHÜTZENKÖNIGE
Von der Mittelstürmernation
Deutschland

»TOR! TOR! TOR! DAS SPIEL IST AUS!« – SCHIESSEN DEUTSCHE NATIONALSTÜRMER DIE ENTSCHEIDENDEN TORE?

Der Mittelstürmer ist hauptsächlich für das Toreschießen zuständig – idealerweise auch dann, wenn es in bedeutenden Partien gegen die besten Gegner darauf ankommt, der eigenen Mannschaft zum Titeltriumph zu verhelfen. Deutschland blickt dabei auf eine ganze Reihe legendärer Mittelstürmer zurück – von Uwe Seeler über Gerd Müller bis Miroslav Klose. Waren sie auch im entscheidenden Moment mit Toren zur Stelle? Ein Blick auf die wohl namhaftesten Spieler der deutschen Nationalmannschaft.

Deutschland gewann das **WM-Finale 1954** mit 3:2 gegen die Schweiz. Mittelstürmer Ottmar Walter glückte allerdings kein Treffer. Zum Helden avancierte der auf der rechten Außenbahn spielende **Helmut Rahn** mit den Toren zum 2:2 und 3:2.

Beim **EM-Finale 1972** besiegte Deutschland die damalige Sowjetunion mit 3:0, das wichtige 1:0 und das 3:0 erzielte Mittelstürmer **Gerd Müller**.

Und auch beim **WM-Finale 1974** war **Gerd Müller** zur Stelle und netzte zum 2:1-Siegtreffer gegen die Niederlande ein.

Im **EM-Finale 1980** konnte sich Deutschland wieder auf seinen Mittelstürmer verlassen. **Horst Hrubesch** markierte beide Treffer beim 2:1-Erfolg gegen Belgien.

Im **WM-Finale 1990** rang das DFB-Team Argentinien mit

1:0 nieder. Linksverteidiger **Andreas Brehme** erzielte den entscheidenden Treffer per Elfmeter.

Beim **EM-Triumph** Deutschlands **1996** gegen die Tschechische Republik schrieb erneut ein Mittelstürmer Geschichte. **Oliver Bierhoff** wurde in der 69. Spielminute eingewechselt und traf vier Minuten später zunächst zum 1:1-Ausgleich. In der Verlängerung glückte Bierhoff auch noch das 2:1 (95.) – durch die »Golden-Goal-Regel« war damit die Partie sofort beendet und Deutschland Europameister.

Der letzte große Triumph der deutschen Nationalmannschaft stammt aus dem Jahr **2014**. Im **WM-Endspiel** bezwang Deutschland wie im Jahr 1990 Argentinien mit 1:0. **Mario Götze** glückte der Siegtreffer in der Verlängerung (113.). Götze interpretierte in jungen Jahren verschiedene Rollen im Angriff. Im WM-Finale 2014 wurde er für Mittelstürmer Miroslav Klose eingewechselt (88.) und nahm in den ersten Minuten seiner Einsatzzeit auch diese Position ein. Er wich während der Partie zwar gelegentlich auf die Flügel aus, aber formal zählte er in dieser Partie als Mittelstürmer.

So ist festzuhalten: Deutschland hat insgesamt siebenmal eine Weltmeisterschaft oder Europameisterschaft gewonnen. In fünf von sieben erfolgreichen Endspielen hat ein deutscher Mittelstürmer für die Entscheidung gesorgt.

Spielentscheidende Tore von DFB-Mittelstürmern

Gewonnenes End-spiel	Tor(e) eines Mittel-stürmers	Spielername
WM 1954	nein	-
EM 1972	ja	Gerd Müller
WM 1974	ja	Gerd Müller
EM 1980	ja	Horst Hrubesch
WM 1990	nein	-
EM 1996	ja	Oliver Bierhoff
WM 2014	ja	Mario Götze

TOR DES MONATS

Seit März 1971 kürt die ARD das Tor des Monats. Dabei handelt es sich um eine Zuschauerwahl unter fünf von einer Redaktion vorgeschlagenen Treffern, die für gewöhnlich besonders schön, spektakulär oder wichtig sind, bisweilen aber auch eher als Skurrilität gelten.

Treffer der deutschen Nationalmannschaft erfreuen sich dabei großer Beliebtheit. 54 Tore des Monats sind bis einschließlich September 2023 im Dress der DFB-Männer erzielt worden. Geschlagen wird dieser Wert nur von den Profis des FC Bayern. Wenn man bedenkt, wie viel mehr Spiele der Rekordmeister seit März 1971 absolviert hat, wird der Anteil der Siege für Nationalspieler umso beeindruckender. Allerdings ist die Konkurrenz für die DFB-Auswahl mitunter auch überschaubar, da etwa während Turnieren oftmals keine anderen Wettbewerbe im Fokus stehen.

Die Mannschaften mit den meisten Toren des Monats

Rang	Mannschaft	Tore des Monats
1.	FC Bayern	65
2.	Deutsche Nationalmannschaft	54
3.	1. FC Köln	37
4.	Borussia Mönchengladbach	36
5.	FC Schalke 04	30 .

TOR DES JAHRES

Parallel zum Tor des Monats lobt die ARD seit 1971 auch die Wahl zum Tor des Jahres aus. Dabei haben sich bisher zehn Spieler des DFB-Teams durchgesetzt. Dies ist der Bestwert vor dem FC Bayern (7) und Borussia Mönchengladbach (6).

Jahr	Preisträger	Art	Anmerkung
1972	Gerd Müller und Günter Netzer	Doppelpass	Müller für Hackentrick prämiert
1977	Klaus Fischer	Fallrückzieher	Auch »Tor des Jahrhunderts«
1978	Rainer Bonhof	Freistoß	

1981	Karl-Heinz Rummenigge	Fallrückzieher	
1982	Klaus Fischer	Fallrückzieher	
1990	Lothar Matthäus	Sololauf	
1996	Oliver Bierhoff	Schuss	Golden Goal zum EM-Titel
2002	Benjamin Lauth	Fallrückzieher	Kein offizielles Länderspiel
2008	Michael Ballack	Freistoß	
2014	Mario Götze	Volley	Tor zum WM-Titel
2017	Lukas Podolski	Distanzschuss	

HEAD-TO-HEAD: GERD MÜLLER VS. MIROSLAV KLOSE

Es sei noch ein Blick auf die beiden Rekordtorschützen der deutschen Nationalmannschaft geworfen, Gerd Müller und Miroslav Klose. Eine kurze Auswahl an Fakten:

Miroslav Klose, Jahrgang 1978, ist mit 71 Toren Rekordtorschütze der deutschen Nationalmannschaft. Gerd Müller, der im August 2021 im Alter von 75 Jahren verstorben ist, rangiert auf Platz zwei mit 68 Toren.

Allerdings benötigte Müller »nur« 62 Länderspiele für seine 68 Tore, Klose lief 137-mal für Deutschland auf. Im Schnitt schoss Müller mehr als ein Tor pro Partie (1,1). Klose brachte es auf 0,5 Treffer pro Match, eine Torgarantie für jedes zweite Spiel.

Insgesamt spielte Klose, der polnische Wurzeln besitzt, 8794 Minuten für das DFB-Team. Er traf damit alle 124 Minuten für Deutschland. Müller kam auf 5530 Einsatzminuten. »Der Bomber der Nation« netzte im Schnitt alle 81 Minuten für Deutschland ein.

Müller und Klose haben Handwerksberufe erlernt. Müller schloss eine Ausbildung zum Schweißer ab, davor hatte er eine Lehre als Weber gestartet. Klose jobbte als Schreiner, absolvierte dann eine Ausbildung zum Zimmermann.

Ihre Profikarrieren begannen nicht auf Topniveau. Gerd Müller spielte mit 18 Jahren für den FC Bayern in der 2. Liga (Regionalliga Süd) und musste sich mit dem Klub erst einmal in die Bundesliga hochkämpfen.

Klose ging mit 20 Jahren noch in der Bezirksliga auf Torejagd, bevor seine Profikarriere beim damaligen Drittligisten FC Homburg und dann beim Bundesligisten 1. FC Kaiserslautern Fahrt aufnahm.

Müller lief erstmals für Deutschland am 12. Oktober 1966 auf. Es gab für den DFB einen 2:0-Auswärtssieg in der Türkei. Beim Debüt blieb Müller ein Treffer verwehrt. Deutlich besser klappte es mit dem Toreschießen bei seinem zweiten Länderspiel: In der EM-Qualifikation gegen Albanien im April 1967 erzielte Müller vier Tore beim 6:0-Sieg des DFB-Teams.

Klose feierte sein Nationalmannschaftsdebüt am 24. März 2001 beim 2:1-Heimerfolg gegen Albanien. Klose wurde in der 72. Spielminute eingewechselt – und markierte in der 87. Spielminute den 2:1-Siegtreffer per Kopf.

Müller glückten in seiner DFB-Laufbahn vier »Viererpacks« und vier »Dreierpacks«. Klose gelangen ebenfalls vier »Dreierpacks«, jedoch kein »Viererpack«.

1970 wurde Gerd Müller mit zehn Treffern WM-Torschützenkönig. Miroslav Klose traf fünfmal bei der Heim-WM 2006 – was damals wiederum den Spitzenwert darstellte.

Mit 16 Toren ist Klose Rekordtorjäger bei Weltmeisterschaften. Müller folgt mit 14 Toren auf Platz drei, Platz zwei gehört dem Brasilianer Ronaldo (15).

Klose spielte von 2007 bis 2011 für Bayern München. Müller war von 1964 bis 1979 für den FC Bayern als Spieler aktiv. Zur Zeit von Klose in München war Müller Co-Trainer der 2. Mannschaft des FC Bayern.

Das Lieblingshobby von Miroslav Klose ist Angeln. Gerd Müller liebte es, Tennis zu spielen.

Die Nationalmannschaftskarriere Gerd Müllers endete formal ähnlich berauschend wie die von Miroslav Klose. Dennoch gab es einen (traurigen) Unterschied: Müller erzielte im WM-Finale 1974 den Siegtreffer für Deutschland, danach trat er aus der Nationalmannschaft überraschend zurück. Bis heute ist unklar, was der wahre Grund für Müllers Rücktritt gewesen ist. Als wahrscheinlichste Variante gilt, dass Müller mehr Zeit mit der Familie verbringen wollte. Später wartete Müller für die EM 1976 vergeblich auf einen Anruf von Bundestrainer Helmut Schön, um zum Comeback bewegt zu werden. Müllers Nationalmannschaftskarriere war tatsächlich nach acht Jahren (1966–1974) beendet. Er hätte eigentlich noch viel mehr Tore für Deutschland schießen können …

Auch Miroslav Klose trat nach dem WM-Triumph mit Deutschland ab. Sein letzter Einsatz war im WM-Finale 2014 gegen Argentinien, als er in der 88. Spielminute durch Mario Götze ersetzt wurde. Klose spielte insgesamt 13 Jahre (2001–2014) für den DFB und damit fast doppelt so lange wie Müller. Ersterer trat im Alter von 36 Jahren ab, Müller bereits mit 28 Jahren!

Müller als Torwart?

Kurios: Für die WM 1974 hatte Bundestrainer Helmut Schön einen Notfallplan erarbeitet, der laut *spiegel.de* vorsah: Sollte sich Stammtorwart Sepp Maier während einer Partie verletzen und das Wechselkontingent ausgeschöpft sein, dann müsse Gerd Müller die Rolle des Torwarts übernehmen. Müller hatte sich bei Trainingseinheiten des FC Bayern öfter mal ins Tor gestellt, Vorerfahrung war also vorhanden …

Beide Stürmer besaßen während ihrer Karriere einen *Signature Move*: Bei Müller war es der Bewegungsablauf vor der Torerzielung: Hintern raus, Platz verschaffen, Drehung, Schuss, Tor. Bei Klose war es nach einem erzielten Treffer der Jubel mit einem Salto.

AUS DER ANEKDOTENKISTE
Geschichten, die man gehört haben muss

Die Nationalmannschaft gilt heutzutage als eines der letzten Lagerfeuer der Gesellschaft, in ihrer Bedeutung ist sie quasi ein Monolith: Kaum jemand wird ernsthaft von sich behaupten können, ihm sei das DFB-Team völlig egal. Neben den sportlichen Erfolgen hat daran selbstredend auch das Drumherum seinen Anteil. In über 115 Jahren Länderspielgeschichte kommt einiges an Anekdoten zusammen. Hier eine Auswahl von fünf besonderen Episoden der Nationalmannschaft.

Als die Mannschaft zu zehnt anreiste

In der Pionierzeit des DFB-Teams war der Organisationsgrad noch vergleichsweise überschaubar. Manchmal erfuhren die für Länderspiele vorgesehenen Kicker erst kurzfristig aus den Medien, dass sie sich für einen Lehrgang bereit machen mussten. Es ist allerdings nicht überliefert, dass die Auswahl einmal mit zu wenigen Spielern angetreten wäre. Dabei reiste sie im Jahr 1909 mit nur zehn Spielern per Schiff nach England, das aber war durchaus gewollt.

Denn der elfte Spieler im Bunde, Jungspund Willy Baumgärtner, weilte seinerzeit bereits beruflich in England. Ob die Sparfüchse beim DFB den 18-Jährigen nur nominierten, um sich ein Ticket für die Schifffahrt zu sparen, ist unbekannt.

Die Nordsee war in diesem März 1909 indes offenbar besonders rau. Mehrere der inklusive Baumgärtner elf Spieler klagten beim Zwischenstopp in London und am Spielort Oxford über Übelkeit. Es mag eine Rolle bei der 0:9-Niederlage gespielt haben, die bis heute die heftigste Klatsche darstellt, die der DFB jemals kassiert hat. An einem hat es nicht gelegen: Torhüter Adolf Werner bekam von den Engländern den Spielball geschenkt, weil sie seine starke Leistung honorieren wollten.

Das Bruderduell

Auslosungen vor Turnieren werden stets mit großer Spannung betrachtet. In der Vergangenheit hatte das öfter auch politische Hintergründe, nie waren sie interessanter als bei der WM 1974. Das Losglück wollte es ausgerechnet so, dass die Bundesrepublik zum Abschluss der ersten Gruppenphase auf die DDR treffen sollte. Das innerdeutsche Bruderduell wurde mit riesiger Spannung erwartet, war sportlich aber eher ein Reinfall.

Da der letzte Gruppenspieltag nicht zeitgleich ausgetragen wurde, hatten beide Mannschaften bereits vor Anpfiff Gewissheit über den Einzug in die Zwischenrunde. Vor allem dem DFB-Team war das durchaus anzumerken, so richtig in die Gänge kam es nicht. Ganz anders die DDR, die in der Partie eine große Chance sah, es dem großen Bruder zu zeigen. Tatsächlich gewann der Außenseiter durch ein Tor von Jürgen Sparwasser.

Für die westdeutsche Auswahl hatte das letztlich sogar Vorteile: In der Gruppe wurde es nur Platz zwei, wodurch man in der Zwischenrunde Brasilien aus dem Weg ging. Und nach der Niederlage raufte sich die Mannschaft zusammen und schwor sich in der Sportschule Malente auf den späteren Titelgewinn ein. Ohne die Niederlage gegen die DDR, da sind sich alle Protagonisten einig, wäre Deutschland 1974 nicht Weltmeister geworden.

Der einzige Spielabbruch

Über die Jahre ist eine Handvoll Spiele abgesagt worden, zuletzt wegen der Covidpandemie im Jahr 2020. Auch längere Unterbrechungen während Partien hat es gegeben, so etwa beim Test gegen die Slowakei vor der EURO 2016 wegen eines Unwetters in Augsburg. Ein einziges Länderspiel des DFB musste abgebrochen werden, es war ausgerechnet das Abschiedsspiel für Helmut Schön.

Nach dessen Rücktritt infolge der WM 1978 sollte der Erfolgscoach der vorangegangenen Jahre im Frankfurter Waldstadion beim Freundschaftsspiel gegen Ungarn gebührend verabschiedet werden. Das Problem: Am 15. November 1978 herrschte eine besondere Nebellage über der Spielstätte. Nach 60 Minuten war die Sicht dermaßen eingeschränkt, dass der Schiedsrichter die Begegnung beim Stand von 0 : 0 abpfeifen musste.

Schön hätte einen besseren Abschied verdient gehabt, hat den eigentlich aber auch bekommen. Denn schon vor dem Spiel feierten die Zuschauer den ehemaligen Bundestrainer, der unter anderem eine Kopie des WM-Pokals überreicht bekam.

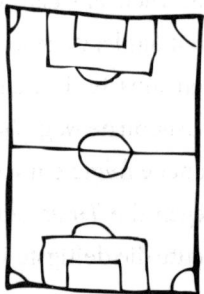

Hamann reißt das Wembley-Stadion ab

Das Fußballjahr 2000 bleibt für Deutschland nicht in bester Erinnerung: Das EM-Aus und die Kokainaffäre um den designierten Bundestrainer Christoph Daum hinterließen ihre Spuren. Ein Highlight hielt das Jahr aber doch bereit: Deutschland war im Oktober letzter Gast im Londoner Wembley-Stadion, bevor es umfassend renoviert wurde.

Duelle mit dem Rivalen England haben immer ihren Reiz, die DFB-Auswahl des seinerzeit noch interimsweise beschäftigten Teamchefs Rudi Völler ließ sich womöglich besonders motivieren. Jedenfalls erzielte sie einen recht überraschenden 1:0-Auswärtssieg, den Dietmar Hamann mit einem Freistoß aus der Distanz bestellte. Der damalige Englandlegionär des FC Liverpool soll seinen Mitspieler Mehmet Scholl mit den Worten weggeschickt haben: »Lass mal gut sein, der ist zu weit für dich. Ich mach den direkt.«

Für deutsche Fußballfans und die britische Presse war es natürlich ein gefundenes Fressen, dass ausgerechnet Deutschland das letzte Spiel im altehrwürdigen Wembley-Stadion gewinnen musste. Hamann hat seither den Ruf des Mannes mit der Abrissbirne weg. Weniger erfreulich aus deutscher Sicht: Die Revanche folgte ein Jahr später, der DFB ging in München mit 1:5 gegen die *Three Lions* unter. In der Nachkriegszeit war dies bis heute die deftigste Heimniederlage.

Die Weizenbieraffäre

Trotz dieser Pleite gegen England gelang dem DFB-Team unter Völler letztlich die Qualifikation für die WM in Japan und Südkorea, die mit dem Vizeweltmeistertitel überraschend erfolgreich verlief. Die Mannschaft verspielte allerdings mit schwachen Leistungen recht schnell den dort gesammelten Kredit. Einen negativen Höhepunkt stellte dabei ein 0:0 in der EM-Qualifikation auf Island dar. Teamchef Völler explodierte bei einem Interview mit ARD-Reporter Waldemar Hartmann auf legendäre Weise, mehrere seiner Sprüche sind in den allgemeinen Fußballsprachgebrauch übergangen. Ihm hatte die Besprechung des Spiels durch Reporter Gerhard Delling und Experte Günter Netzer missfallen.

Delling empfahl er beispielsweise, er solle lieber Unterhaltungssendungen am Samstagabend moderieren, wenn ihm der Fußball der Nationalmannschaft so wenig gefalle. Gegenüber Hartmann wurde Völler regelrecht ausfallend, als er ihn fragte, warum er so scharf reagiere. »Die Schärfe bringt ihr doch rein. Müssen wir uns denn alles gefallen lassen? Du sitzt hier locker bequem auf deinem Stuhl, hast drei Weizenbier getrunken«, sagte Völler.

Für den Spruch hat er sich anschließend entschuldigt, Hartmann sieht ihn seit jeher locker. In seinem Buch *Dritte Halbzeit: Eine Bilanz* nennt der Sportreporter den Ausbruch vor laufenden Kameras am 6. September 2003 seinen »zweiten Geburtstag«. Eine Privatbrauerei machte Hartmann nach Völlers Spruch zum Werbegesicht, der Moderator betrachtet die Einnahmen als

»Altersvorsorge«. Nach eigener Aussage schickt Hartmann Völler jedes Jahr zum Jubiläum der legendären Wutrede eine Nachricht und lädt ihn auf ein Getränk ein. Ob die Einladung jemals angenommen wurde und anschließend Weizenbier floss, ist nicht überliefert.

NACHWORT

Liebe Leserinnen und Leser,

auf den Seiten dieses Buches haben Sie allerlei interessante Fakten, kuriose Geschichten und spannende Statistiken über die DFB-Auswahl erfahren. Zur ganzen Wahrheit gehört dabei, dass viele Themenbereiche in Sachen DFB nicht behandelt wurden. Die Frauen-Nationalmannschaft etwa hat in der jüngeren Vergangenheit sogar öfter Erfolgsgeschichten geschrieben als das Pendant der Männer. Auch fehlen Erfolge der Jugendauswahlteams wie zum Beispiel der WM- und EM-Titelgewinn der U17-Nationalmannschaft im Jahr 2023 oder die Geschichte der DDR-Nationalmannschaft. Mit diesem Buch wollten wir Sie auch auf die Heim-Europameisterschaft 2024 der Männer einstimmen, daher lag der Fokus auf der A-Nationalmannschaft (und der westdeutschen Historie).

Wie erfolgreich oder enttäuschend die DFB-Auswahl in Zukunft sein wird, bleibt abzuwarten; einen Blick in die Glaskugel können wir freilich nicht werfen. Und selbst wenn eine Siegesserie in weiter Ferne bleiben sollte: Am Publikum wird es sicherlich nicht scheitern. Ihrem Nationalteam haben die Fans schon immer verzeihen können, der deutsche Fußball ist bisher noch aus jedem Tal geschritten. Oftmals hat das DFB-Team den Support der Fans auch zurückzahlen können. Dass Deutschland als Turniermannschaft nach wie vor nie ganz abzuschreiben ist, sollte bei der Lektüre des vorliegenden Buches klargeworden sein.